Bachelor Thesis

I0487517

Der gläserne Konsument im Web 2.0

-

Chancen & Risiken personalisierter Online-

Werbung

Alexander Baum

Inhaltsverzeichnis

Abbildungsverzeichnis

Tabellenverzeichnis

Abkürzungen

AGOF   Arbeitsgemeinschaft für Online Forschung

BVDW   Bundesverband Digitale Wirtschaft

GRP   Gross Rating Point

OVK   Online-Vermarkterkreis

PBT   Predictive Behavioural Targeting

SWOT   Akronym für **S**trengths (Stärken), **W**eaknesses (Schwächen),
        Opportunities (Chancen) und **T**hreats (Risiken)

TKP   Tausender-Kontakt-Preis

WWW   World Wide Web

1. Einleitung

In der heutigen Informationsgesellschaft ist Werbung als omnipräsenter Bestandteil des täglichen Lebens der Menschen zu betrachten.

Werbung dient dabei sowohl der gezielten und bewussten als auch der indirekten und unbewussten Suggestion von Menschen und ihrer Bedürfnisse oder der Erzeugung neuer zu meist kommerziellen Zwecken.[1]

Die Art des Kontaktes von Menschen mit Werbung verändert sich dabei zusehends durch einen verschärften Wettbewerb, zunehmende Medienvielfalt, verändertes Konsumentenverhalten, sowie gesellschaftliche Entwicklungen (Segmentierung in differenzierte Zielgruppen) und technische Entwicklungen.

So gelten heutige Konsumenten auf Grund der Segmentierung in differenzierte Zielgruppen als ein Kollektiv von Individualisten, welches sich kontinuierlich und rasch verändert.[2] Eine Fixierung der Werbekommunikation auf eine breite Masse ist aus diesem Grund kaum mehr sinnvoll.

Besonders die Sachverhalte der gesellschaftlichen Entwicklung zwingen Werbungtreibende dazu, neue Techniken zu entwickeln und neue Werbeträger zu nutzen, um dadurch Zielgruppen wieder zuverlässiger einschätzen und erreichen zu können.

Dabei dringt Werbung mehr und mehr in die Privatsphäre der einzelnen Konsumenten ein – besonders im World Wide Web (WWW) auf Grund der werbeträgerspezifischen Interaktivität – das heutzutage auch unter dem Begriff Web 2.0 zusammengefasst wird.

Unter dem Begriff Web 2.0 werden keine grundlegend neuen Arten von Technologien oder Anwendungen verstanden, sondern der Begriff beschreibt eine in sozio-technischer Hinsicht veränderte Nutzung des WWW, bei der dessen Möglichkeiten konsequent genutzt und weiterentwickelt werden.[3]

Das Web 2.0 stellt als Werbeträger eine Entwicklungsstufe hinsichtlich des Angebotes und der Nutzung dar, bei der nicht mehr die reine Verbreitung von Informationen, beziehungsweise der Produktverkauf durch Webseitenbetreiber,

---

[1] Vgl. Meffert (2011), S. 649.
[2] Vgl. Horx (2000), S. 5.
[3] Vgl. O'Reilly (2005), S. 1 ff.

sondern die Beteiligung der Nutzer am WWW und die Generierung weiteren „Zusatznutzens" im Vordergrund stehen.

Unter diesen „Zusatznutzen" fällt auch personalisierte Online-Werbung, unter der Werbemittel verstanden werden, die gezielt auf einen Konsumenten ausgerichtet sind, beziehungsweise die sich auf Angaben zu diesem Konsumenten beziehen. Personalisierte Werbung umfasst neben der persönlichen Ansprache mit Vornamen, Nachnamen und Anrede auch weitergehende Parameter wie soziodemographische oder psychographische Informationen, Kaufhistorie und Konsumentenverhalten.[4] Im Zuge der Möglichkeiten der „Neuen Medien" ist die Personalisierung der Konsumentenansprache aus Sicht von Werbungtreibenden zu einem wesentlichen und erfolgreichen Merkmal von neuen Marketingstrategien geworden und stellt somit ein sich etablierendes Marketinginstrument dar.[5]

Heutige Konsumenten fühlen sich jedoch, auch bestätigt durch Ergebnisse aktueller Studien (siehe 3.3.2), von personalisierter Online-Werbung gestört und ungewollt beeinflusst.

Aus diesem Sachverhalt der derzeitigen Werbeentwicklung und den daraus resultierenden Veränderungen für die Konsumenten und Werbungtreibende selbst, ergibt sich die notwendige Forschungsfrage, die in dieser Bachelor Thesis methodisch beantwortet werden soll. Die leitende Forschungsfrage lautet:

Wie ist das Verhältnis von Chancen und Risiken personalisierter Werbung im Web 2.0 zu bewerten?

Zunächst wird in Vorbereitung auf eine methodische Beantwortung der Forschungsfrage eine theoretische Grundlage geschaffen um die Entwicklung von personalisierter Online-Werbung im Zusammenhang begreifbar zu machen.

Dabei wird einleitend auf das WWW als Werbeträger in Deutschland (siehe 2.1.1) mitsamt einer Erklärung von Online-Werbesegmenten (siehe 2.1.2) und Besonderheiten dieser (siehe 2.1.3) eingegangen. Anschließend soll mit der Darlegung von onlinespezifischen Werbezielen (siehe 2.2) und der Nutzung und

---

[4] Vgl. Steinle/ Hülsmann (2001), S. 98.
[5] Vgl. OVK (2012), S. 5.

Akzeptanz von Online-Werbung (siehe 2.3) ein vertiefendes Verständnis für die aktuelle Marktsituation des Werbeträgers geschaffen werden.

Darauf aufbauend ist es erforderlich, die Ursachen einer Segmentierung nach Zielgruppen (siehe 3.1.1) zu erläutern. Anschließend sollen Besonderheiten der Zielgruppensegmentierung im WWW (siehe 3.1.2) aufgezeigt werden, da diese zusammen mit den Möglichkeiten der technischen Datenerfassung die Grundlage personalisierter Online-Werbung im WWW bilden. Gleichzeitig soll in diesem Zusammenhang auch auf die technischen Voraussetzungen (siehe 3.1.3) im Hintergrund des modernen Marketinginstrumentes eingegangen werden, wie zum Beispiel mit der Erklärung von Cookies. Dadurch soll die Funktionsweise besser begreifbar gemacht werden und gleichzeitig aufgezeigt werden, welche Verfahren der technischen Datenerfassung von Nutzern im WWW, neben Markt-Media Studien, überhaupt zu einer Zielgruppensegmentierung beitragen. Des Weiteren soll eine Verknüpfung zum Adserver, der ein Steuerungs- und Analysetool ist, aufgezeigt werden. Erst dieser garantiert eine reibungslose Anwendung von personalisierter Online-Werbung und stellt inzwischen speziell Werbungtreibenden notwendige Dienstleistungen zur Verfügung, um „gezielter" zu handeln und so eine möglichst vordefinierte Zielgruppe mit Online-Werbekampagnen zu erreichen. Erst mit Hilfe der technischen Ebene ist ersichtlich, auf welche Faktoren sich die Zielgruppenansprache im Web 2.0 stützt.

Um die theoretische Grundlage als Gesamtbild abzuschließen, wird ein umfangreicher Überblick über die diversen Möglichkeiten einer zielgruppenorientierten Einblendung von Online-Werbung mithilfe des Marketinginstrumentes Online-Targeting (siehe 3.2) gegeben. Dieser umfasst die relativ einfach anwendbare Form von Online-Targeting nach technographischen Kriterien und führt aber auch weit darüber hinaus bis schließlich hin zu der komplexen Form von Online-Targeting nach soziodemographischen und psychographischen Kriterien.

In einem nächsten Schritt werden die Chancen und Risiken personalisierter Online-Werbung im Web 2.0 aus der Sicht von Werbungtreibenden (siehe 3.3.1) und von Konsumenten (siehe 3.3.2) auf der Basis von evaluativen Fallstudien und wissenschaftlichen Erhebungen und anhand rechtlicher Rahmen-bedingungen (siehe 3.3.3), wie Persönlichkeitsrechte und Datenschutz, verdeutlicht. Wie sind die Einstellungen der Rezipienten gegenüber personalisierter Werbung? Was sind Vor- und Nachteile solcher Werbeformen? Sind die Konsumenten hinreichend aufgeklärt über diese Art von Werbung?

Mit Hilfe der Durchführung einer SWOT-Analyse (siehe 4.1) erfolgt dabei im Anschluss eine kritische und intensive Analyse der Stärken, Schwächen, Chancen und Risiken personalisierter Online-Werbung im Web 2.0.

Auf Grundlage der Erkenntnisse der SWOT-Analyse wird eine Handlungsempfehlung (siehe 4.2) entwickelt. Diese und ein vorgenommener Ausblick (siehe 4.3) sollen eine konkrete Einschätzung darüber ermöglichen, unter welchen Bedingungen personalisierte Online-Werbung zukünftig überhaupt einsetzbar ist und welches Potenzial durch technischen Fortschritt zusätzlich erschlossen werden kann.

Die gewonnenen Ergebnisse sollen mit der zugrundeliegenden Theorie verknüpft werden und in der Schlussfolgerung (siehe 5.) somit zu einer Beantwortung der Forschungsfrage beitragen.

Die vorliegende Bachelor Thesis untersucht das Verhältnis von Chancen und Risiken personalisierter Online-Werbung im Web 2.0 ausschließlich vor dem Hintergrund des Online-Werbesegmentes der klassischen Online-Werbung (Display-Ads).

2. Online-Werbung

In diesem ersten Hauptabschnitt soll zunächst durch eine Abgrenzung der Online-Werbung zu klassischen Medien der aktuelle Stellenwert dieser verdeutlicht werden.

Besonderheiten, Formen und Werbeziele von klassischer Online-Werbung bilden zudem eine thematisch notwendige Wissensgrundlage für den Leser, um die im weiteren Verlauf der Bachelor Thesis aufgezeigten Chancen und Risiken personalisierter Online-Werbung im Zusammenhang verständlich zu machen.

Eine abschließende Übersicht von Nutzung und Akzeptanz unpersonalisierter Online-Werbung durch den Nutzer soll darüber hinaus verständlich machen, aus welchen Anlässen Werbungtreibende geradezu gezwungen sind, neue und individuellere Formen der Konsumentenansprache, wie personalisierte Online-Werbung, zu entwickeln und einzusetzen.

2.1 Online-Werbung

In der werbespezifischen Literatur findet sich keine homogene Definition des Wortlauts „Online-Werbung". Übergreifend fallen aber alle werblichen Maßnahmen eines Unternehmens im WWW darunter, die von der Betreibung einer eigenen Homepage als Web-Präsenz bis zu klassischer Online-Werbung und Suchwortvermarktung reichen können.[6]

Die Bachelor Thesis wird im Wesentlichen auf das Segment der klassischen Online-Werbung – auch „Site-Promotion"[7] genannt – eingehen, die maßgeblich die Platzierung von Werbemitteln auf Webseiten fremder Anbieter umfasst.

2.1.1 Abgrenzung der Online-Werbung

Ab Mitte der 90er Jahre gewinnt das WWW als Werbeträger an zunehmender Bedeutung und ist heutzutage nicht mehr aus dem Mediamix (Printmedien, Hörfunk, Fernsehen, digitale Medien, etc.) von Werbungtreibenden wegzudenken. So bestätigt der Vorsitzende im Online-Vermarkterkreis (OVK) im

---

[6] Vgl. Fritz (2004), S. 20 ff.
[7] Chaffey/ et al. (2001), S. 267 ff.

Bundesverband Digitale Wirtschaft (BVDW) Paul Mudter (IP Deutschland) diese Einschätzung, denn „[...] inzwischen gehört Online-Werbung für Unternehmen aus allen Branchen zu einer ganzheitlichen Kommunikation dazu [...]" [8].

Die rasante Verbreitung des WWW in Deutschland wird dadurch belegt, dass im Frühjahr 2011 ca. 73,3 Prozent der in Deutschland lebenden Personen ab 14 Jahren das Medium zumindest gelegentlich genutzt haben.[9] Dies bestätigt das außerordentliche Zielgruppenpotenzial und die Entwicklung als eigenständiger Werbebereich und bewog Werbungtreibende schon frühzeitig zu stetig ansteigenden Investitionen in diesen Werbeträger.

So wuchsen die Investitionen der Werbungtreibenden in den Werbeträger in Deutschland von 2,5 Mio. Euro im Jahr 1996 bereits auf 990 Mio. Euro im Jahr 2011 an.[10] Damit sind die Netto-Werbeeinnahmen innerhalb von 14 Jahren ca. um das Vierhundertfache gestiegen. Mit einer Zuwachsrate von 15 Prozent bei den Netto-Werbeaufwendungen allein im Jahr 2011, zählt dieser Medienchannel zu den am dynamischsten wachsenden, erfassbaren Werbeträgern in Deutschland (siehe Tabelle 1). Gemessen an den Gesamtumsätzen der erfassbaren Werbeträger liegen die Online-Angebote jedoch absolut noch deutlich zurück. Die Online-Angebote erzielten im Jahr 2011 in Deutschland einen Marktanteil von lediglich 5,23 Prozent.[11]

Zudem kann festgehalten werden, dass die stetig steigenden Online-Werbeaufwendungen auf breite demographische Verteilung stoßen, so wird das WWW heutzutage von Männern und Frauen und allen Altersgruppen in nahezu gleichem Umfang genutzt.[12] Es kann davon ausgegangen werden, dass Nutzer im WWW im Durchschnitt über ein höheres Bildungsniveau und ein höheres Einkommen verfügen, im Gegensatz zu Nutzern andere Werbeträger. So besitzen beispielsweise 31 Prozent des weitesten Nutzerkreises ein monatliches Haushaltsnettoeinkommen von mehr als 3.000 EUR.[13]

---

[8] OVK (2012), S. 5.
[9] Vgl. Eimeren/ Fress (2011), S. 334 f.
[10] Vgl. ZAW (2012), S. 19.
[11] Vgl. ebenda.
[12] Vgl. AGOF (2012), S. 5.
[13] Vgl. ebenda, S. 6 f.

Werbeträger	2009 (in Mio. Euro)	%	2010 (in Mio. Euro)	%	2011 (in Mio. Euro)	%
Fernsehen	3.639,60	-9,8	3.953,73	+8,6	3.981,17	+0,7
Tageszeitungen	3.694,30	-15,5	3.637,80	-1,5	3.556,90	-2,2
Werbung per Post	3.080,51	-6,4	2.983,78	-3,1	2.987,67	+0,1
Anzeigenblätter	1.966,00	-2,1	2.011,00	+2,3	2.060,00	+2,4
Publikums-zeitschriften	1.408,65	-16,8	1.450,00	+2,9	1.440,05	-0,7
Verzeichnis-Medien	1.184,00	-3,3	1.154,60	-2,5	1.139,10	-1,3
Online-Angebote	**764,00**	**+1,3**	**861,00**	**+12,7**	**990,00**	**+15,0**
Fachzeitschriften	852,00	-17,4	856,00	+0,5	875,00	+2,2
Außenwerbung	737,51	-8,4	766,06	+3,9	810,86	+5,8
Hörfunk	678,49	-5,7	692,06	+2,0	709,15	+2,5
Wochen-/ Sonntags-zeitungen	208,30	-21,6	217,80	+4,6	213,70	-1,9
Zeitungs-supplements	81,90	-5,6	85,80	+4,8	85,10	-0,8
Filmtheater	71,60	-6,6	74,51	+4,1	84,74	+13,7
Gesamt	18.366,86	-9,8	18.744,14	+2,1	18.933,44	+1,0

Quelle: Eigene Darstellung in Anlehnung an ZAW (2012), S. 21.

Tab. 1: Netto-Werbeeinnahmen erfassbarer Werbeträger in Deutschland

Die Ausprägung als eigenständiger Werbebereich ist zudem durch weitere Fakten belegbar. Hierzu zählen neue Werbesegmente (siehe 2.1.3) wie die klassische Online-Werbung, die Suchwortvermarktung, die Affiliate-Netzwerke und neue Werbemittel, wie Banner, Pop Under und Video Ads.

Darüber hinaus entwickelten sich medienspezifische Multimedia Agenturen und damit verbunden medienspezifische Berufe wie Online-Werbeplaner, Vermarkter von Online-Werbemedien oder Web-Designer.

Des Weiteren gründeten sich ab 1997 medienspezifische Forschungsprojekte und Studien, deren Zielsetzung es war und ist, zum einen die demographische Nutzerstruktur des Online-Mediums zu analysieren (z.B. Arbeitsgemeinschaft für Online Forschung (AGOF).[14]

---

[14] Vgl. www.agof.de (Stand 20.06.2012).

Zum anderen ist die Erhebung von Verbreitungsdaten einzelner Online-Werbeträger festzustellen (z.B. Informationsgemeinschaft zur Feststellung der Verbreitung von Werbeträgern e.V. [IVW]).[15]

Als Messgrößen der Erhebung von Verbreitungsdaten einzelner Online-Werbeträger dienen „Visits" (Nutzungsvorgänge), „Page Impressions" (Sichtkontakte) sowie „Unique User" (einzelner Nutzer).[16]
Letztere Messgröße wurde erst im Jahr 2005 eingeführt und drückt exakt aus, wie viele individuelle Nutzer in einem bestimmten Zeitraum Kontakt mit einem einzelnen Online-Werbeträger hatten. Damit stellt diese Messgröße die Grundlage für die Berechnung von Reichweiten und Strukturen von Online-Werbeträgern sowie einen wesentlichen Faktor für die Mediaplannung dar.

Messgrößen für die Erfolgsbewertung einer Online-Kampagne sind „Ad Impressions", die daraus resultierende Klickrate (Click-Through-Rate) nach dem erfolgten Klick auf ein Werbemittel sowie die Konversionsrate (Conversion Rate).[17]

- Ad Impressions sind dabei die Anzahl der Einblendungen eines Werbemittels.
- Die Click-Through-Rate entsteht durch Interaktion der Nutzer mit dem Online-Werbemittel in Form von Klicks und gibt genaue Auskunft darüber, welcher prozentuale Anteil der Online-Werbemittel einer Werbekampagne überhaupt angeklickt wird.[18]
- Die Konversionsrate kann über die Umwandlung eines Kaufinteressenten in einen Käufer Auskunft geben.

2.1.2 Besonderheiten der Online-Werbung

Als hervorstechende Spezifika des WWW können Multimedialität, Hypertextualität und Beidseitigkeit der Kommunikation (Interaktivität) genannt werden, die im Verbund das Fundament des WWW als Webeträgernutzung bilden.[19]

---

[15] Vgl. www.ivw.de (Stand 24.06.2012).
[16] Vgl. Koschnick (2003), S. 2768.
[17] Vgl. ebenda.
[18] Vgl. Krause (2000), S. 587.
[19] Vgl. Fritz (2004), S. 121.

So bietet Multimedialität die Möglichkeit kreativer Kampagnenumsetzung über die Einbindung multimedialer Gestaltungselemente in Online-Werbemitteln, wie Audio- und Videodateien sowie Animationen, Texte und Grafiken.

Zugleich sorgt die Hypertextualität durch Verbindung der Online-Werbemittel mit einem Hyperlink, nach Klick und damit aktiver Handlung der Nutzer, für direkten Zugriff auf eine Unternehmens-Webseite. Dort stehen dann für Kaufinteressenten weitere Handlungsoptionen zur Auswahl.

Dabei entfällt zwischen Werbeauslieferung und dem Anstoßen des Kaufprozesses der Medienbruch, „der beim Einsatz konventioneller Werbeträger unvermeidlich ist"[20] und aus der gesendeten wird eine angeforderte Information. Die Nutzer können die Werbebotschaften dabei bedingt nach individuellen Bedürfnissen auswählen (siehe 3.), aber immerhin Informationsbreite und Informationstiefe selbst bestimmen.

Dabei können die Konsumenten auch durch bereitgestellte, interaktive Rückkopplungsmöglichkeiten in direkten Dialog mit den Werbungtreibenden treten. Dem entgegen steht das enge Zeitbudget der Nutzer, die innerhalb kürzester Augenblicke entscheiden, ob sie auf ein Online-Werbemittel reagieren, oder nicht.[21] Der Nutzer muss für sich einen Vorteil im Anklicken der Werbung erhoffen, um sich von dem eigentlich gewählten Inhalt ablenken zu lassen.[22]

Die eingangs genannten drei Spezifika des WWW verleihen dem einzelnen Nutzer, im Vergleich zu klassischen Medien, zunehmend mehr individuellen Entfaltungsspielraum bei gleichzeitig aktiver Beteiligung, sodass in der Werbekommunikation die Zielgruppenansprache konkreter ausgerichtet werden muss, um Kaufinteressenten zu erreichen.[23]

Bei diesem Wandlungsprozess darf die Einordnung des WWW als Pull-Medium, welches von den Nutzern eine aktiv steuernde Rolle verlangt, um mit dem Medium zu interagieren und auch Online-Werbung automatisch zu Pull-Werbung werden lässt, nicht außer Acht gelassen werden.[24]

---

[20] Chaffey/ et al. (2001), S. 269.
[21] Vgl. Chaffey/ et al. (2001), S. 270.
[22] Vgl. Stolpmann (2000), S. 144.
[23] Vgl. Tropp (2011), S. 104.
[24] Vgl. Dannenberg/ Wildschütz (2006), S. 7.

In der Entwicklung der personalisierten Werbekommunikation (Online-Targeting), die auf Analyse des Surfverhaltens einzelner Nutzer durch Cookies und anschließender Anfertigung von Nutzerprofilen basiert, wird dementsprechend ein bedeutender Ansatz gesehen, um durch Online-Werbung potenzielle Konsumenten effektiv und nachhaltig zu erreichen.[25]

Ein weiterer wesentlicher Vorteil der Online-Werbung ist deren Flexibilität.
Während die Vorlaufzeit für die Planung, Produktion und Schaltung eines TV-Spots mehrere Monate in Anspruch nimmt, erweist sich Online-Werbung als wesentlich flexibler. Änderungen inhaltlicher Art können schneller und kostengünstiger vorgenommen werden und insbesondere die auf der Webseite des werbenden Unternehmens hinterlegten Inhalte können jederzeit verändert werden, ohne dass dies eine Änderung an dem Werbemittel selbst nötig macht.

Die voranschreitende Individualisierung der Mediennutzung führt zu einer weiteren Besonderheit der Online-Werbung, der bereits kurz zuvor am Beispiel erwähnten Rückkanalfähigkeit. Diese lässt die Individualisierbarkeit von Online-Werbung unter Vermeidung von Streuverlusten und die effiziente Messbarkeit des Werbeerfolgs und somit die Möglichkeit der individualisierbaren Massenkommunikation zu.[26] Aufgrund der Möglichkeit der exakten Messung des Erfolgs von Online-Werbung gibt es, anders als in klassischen Medien, weitere Abrechnungsmodelle, die im Folgenden kurz dargestellt werden.

- Bei der Abrechnung nach Festpreisen wird den Werbungtreibenden eine bestimmte Anzeigenfläche für einen bestimmten Zeitraum zur Verfügung gestellt. Oftmals ist im Rahmen eines Festpreises aber auch eine bestimmte Mindestanzahl an Ad Impressions definiert. So kostet zum Beispiel ein Wallpaper auf der Startseite von Spiegel-Online 73.000 Euro netto pro Tag und garantiert dabei 5,8 Millionen Ad Impressions des Werbemittels.[27]
- Bei der Abrechnung von Online-Werbung kommt zumeist auch, der aus den klassischen Medien bekannte Tausender-Kontakt-Preis (TKP), im englischen Cost per Mile (CPM), zum Einsatz.[28] Der TKP gibt dabei an, wie hoch der

---

[25] Vgl. Mattenklott/ Schimanksy (2002), S. 291.
[26] Vgl. Fritz (2004), S. 121.
[27] Vgl. Spiegel Online (2012), S. 2.
[28] Vgl. Lammenett (2009), S. 128.

Preis für 1.000 Sichtkontakte (Ad Impressions) ist. Im Gegensatz zum Festpreismodell, legen Werbungtreibende jedoch selber fest, wie viele Ad Impressions sie über einen bestimmten Zeitraum buchen möchten. Der TKP kann beispielsweise nach Themenumfeldern und Werbeformen stark variieren.

- Cost per Click (CPC) ist dagegen ein erfolgsorientiertes Abrechnungsmodell in der Online-Werbung, bei dem pro Klick auf ein Online-Werbemittel vergütet wird.[29] Werbungtreibende zahlen dabei einem Webseiten-Vermarkter erst eine Vergütung, sobald ein Nutzer auf ein Online-Werbemittel klickt und zum Beispiel zur Webseite des Werbungtreibenden weitergeleitet wird.[30]
- Cost per Lead (CPL) und Cost per Order (CPO) sind ebenfalls erfolgsorientierte Abrechnungsmodelle. Erfolgsorientiert bedeutet dabei, dass Werbeträger oder Vermarkter erst durch Werbungtreibende vergütet werden, sobald ein Nutzer dort eine Aktion tätigt. Aktionen bei diesen Abrechnungsmodellen können das Herausgeben der Kontaktdaten des Nutzers (CPL) oder das Auslösen von Bestellungen sein.[31]

2.1.3 Online-Werbesegmente

Die Online-Werbestatistik des OVK unterscheidet Online-Werbung aktuell nach den drei Segmenten:

- klassische Online-Werbung
- Suchwortvermarktung
- Affiliate-Netzwerke

denen die einzelnen Online-Werbemittel inhaltlich zugeordnet werden.[32]

Unter klassischer Online-Werbung werden in diesem Zusammenhang verschiedene Online-Werbemittel wie Display-Ads inklusive Pop Up und Pop Under, sowie Microsites und Webseiten-Sponsoring subsumiert.

---

[29] Vgl. Bauer/ Greve/ Hopf (2011), S. 11.
[30] Vgl. Lammenett (2009), S. 36.
[31] Vgl. ebenda, S. 269.
[32] Vgl. OVK (2012), S. 9.

Das WWW stellt Werbungtreibenden eine breite Vielfalt an Online-Werbemitteln zur Verfügung, da Gestaltungsformen statischer Printwerbung und multimedialer Fernsehwerbung auch miteinander kombiniert werden können.

Darüber hinaus bieten Online-Werbemittel Möglichkeiten der Interaktivität und der Individualisierbarkeit.

Nach Schaltung des ersten statischen Banners im Jahr 1994 (siehe Abbildung 1), wurden bereits im Jahr 1996 auf Basis der Plattform Macromedia Flash (heute Adobe Flash) die ersten multimedialen Werbemittel entwickelt, die kurz darauf um dialogorientierte und interaktive Eigenschaften, wie der Integration von Schaltflächen oder Pulldown-Menüs, ergänzt wurden.[33]

Quelle: Leuwer (Stand 27.10.2012)

Abb. 1: Der erste Werbebanner

Zudem wird zwischen horizontal und vertikal ausgerichteten Werbemitteln unterschieden.[34]

Statische Werbemittel sind für Werbungtreibende unkompliziert und kostenarm herzustellen und brillieren durch kurze Ladezeiten.[35]

Dagegen bieten multimediale Werbemittel einen Dramaturgieaufbau, um eine höhere Aufmerksamkeit des Nutzers zu generieren.[36]

Technisch existieren zudem die Möglichkeiten, dass Werbemittel selbst über die Webseite gleiten zu lassen (Layer Ads) oder Animationen sowie Audio- und Videodateien vom Klickverhalten des Nutzers abhängig zu starten (Mouse-Over-Banner).[37]

Die Etablierung des Online-Werbemittelstandards des „Universal Ad Package"[38] durch das Interactive Advertising Bureau (IAB), welches die Spezifikationen, wie etwa Pixelwerte und Dateiumfang, für die Online-Werbemittel Superbanner,

---

[33] Vgl. Eisinger/ Rabe/ Thomas (2009), S. 74.
[34] Vgl. Dannenberg/ Wildschütz (2006), S. 19.
[35] Vgl. Bürlimann (2004), S. 145.
[36] Vgl. Dannenberg/ Wildschütz (2006), S. 21 f.
[37] Vgl. ebenda.
[38] Siehe Anhang, I, S. 71, Abb. I.

Skyscraper und Content Ad festsetzte und vereinheitlichte, führte zu einer wesentlich effizienteren Erzeugung und Schaltung von Online-Werbemitteln auf Seiten Werbungtreibender und Vermarkter.[39]

Die Bedeutung des Segmentes der klassischen Online-Werbung im Verhältnis zu den beiden weiteren Formen verdeutlicht die nachfolgende Werbestatistik. Die Brutto-Werbeinvestitionen in klassische Online-Werbung, weisen in der Online-Werbestatistik des OVK mit 3.286 Millionen Euro im Jahr 2011 den bedeutendsten Anteil der drei Segmente auf (siehe Abbildung 2).

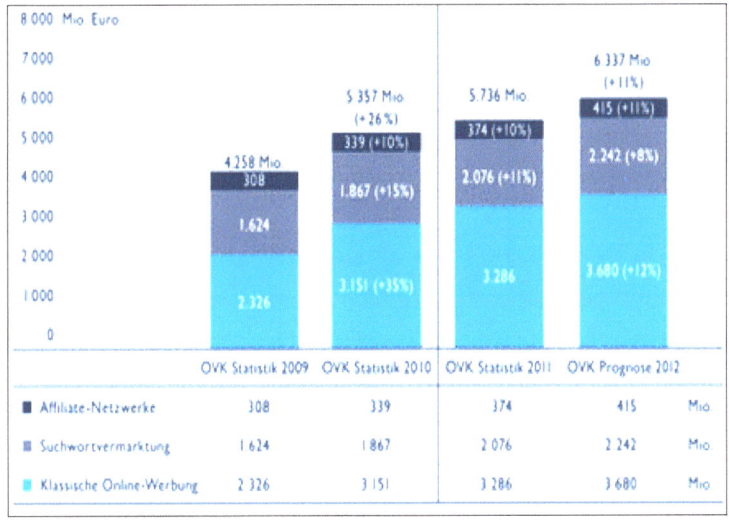

Quelle: OVK (2012), S. 9.

Abb. 2: OVK Werbestatistik 2009 bis 2011 mit Prognose für 2012 nach Segmenten

Auch für das Jahr 2012 geht der OVK für dieses Segment von einer ungebrochenen positiven Entwicklung aus.

2.2 Werbeziele klassischer Online-Werbung

Mit der Schaltung von Online-Werbemitteln lassen sich unterschiedliche Werbeziele verwirklichen.

---

[39] Vgl. Eisinger/ Rabe/ Thomas (2009), S. 75.

So können durch klassische Werbeziele (Erzeugung eines Markenimages, Entwicklung von Markenbekanntheit, Verankerung einer Werbeerinnerung, Herstellung einer Kaufbereitschaft u.v.m.) diverse Wirkungsgrade (kognitive Effekte) bei den Nutzern erzeugt werden und als relevante Bewertungskriterien des Erfolgs einer Werbemaßnahme dienen.[40]

Ein onlinespezifisches Werbeziel besteht jedoch in der Generierung von Klicks auf klassische Online-Werbemittel.[41]

So räumt der Werbespezialist Werner auf Grund dieser Besonderheit der Gestaltung von Online-Werbemitteln einen hohen Stellenwert ein, um eine aktive Ersthandlung des Nutzers zu provozieren.[42] Online-Werbekampagnen mit besonderer Response-Ausrichtung sollen den Nutzer zum Klick auf ein Online-Werbemittel animieren und diesen möglichst auf die Webseiten von Werbungtreibenden weiterleiten, um dort aus ihm einen Käufer zu machen.[43]

Idealerweise ist zu beachten, dass beide Werbeziele (klassisch und onlinespezifisch) bei einer Umsetzung einer erfolgreichen Online-Werbekampagne gleichermaßen berücksichtigt werden sollten.

Für die Gestaltung von Online-Werbemitteln als auch für die Beurteilung des Wirkungsgrades einer Online-Werbekampagne etablierte sich die Klickrate als aussagekräftige Kennzahl.[44]

Der Vorzug einer Ausweisung des akuten Klickverhaltens der Nutzer bestand für Werbungtreibende in der unmittelbaren Messbarkeit einer Werbekampagne. Im Vergleich zu klassischen Medien konnten so harte Fakten statt weicher Werte (zum Beispiel Hochrechnungen über die Kampagnenreichweite bei Print- und TV-Medien) ermittelt werden.[45]

So stand in der Anfangsphase von Online-Werbekampagnen die sprichwörtliche Jagd nach einer hohen Klickrate im Fadenkreuz Werbungtreibender. Die

---

[40] Vgl. Koschnik (2003), S. 2034.
[41] Vgl. ebenda.
[42] Vgl. Werner (2000), S. 58.
[43] Vgl. Werner (2003), S. 45 ff.
[44] Vgl. Schweiger/ Reisbeck (1999), S. 221.
[45] Vgl. Dannenberg/ Wildschütz (2006), S. 90.

resultierende Klickrate (Click-Through-Rate) nach dem erfolgten Klick auf die Standardwerbemittel (Content Ad, Superbanner, Skyscraper) lag 1995 noch durchschnittlich bei acht Prozent, die sich jedoch stetig verringerte und die heutigen durchschnittlichen Werte von 0,14 Prozent, auf dieselben Formate, wenig annehmbar aussehen lässt.[46,47]

Dabei kann grade das zunehmende Werbevolumen im Werbeträger WWW selbst, ausgelöst durch immer höhere Werbeinvestitionen in das Medium (siehe 2.1), zum Teil einen Rückgang der Klickrate erklären, denn „je mehr Werbeangebote aber in den Sendern placiert werden, desto mehr zehren diese Angebote das immer knapper werdende Gut Aufmerksamkeit auf, weil die Werbeangebote als Kommunikationsangebote zunächst einmal untereinander in Konkurrenz treten"[48].

Nach Auffassung Werners sollte die Responsemessung jedoch nicht überbewertet werden, da für eine erfolgreich durchgeführte Online-Werbekampagne zudem ein solider Kenntnisstand über den Nutzer hinter den Klicks sowie der Handlungsfortlauf der Nutzer nach dem Klick auf die Webseiten Werbungtreibender ausschlaggebend ist.[49]

In dem Zusammenhang mit den stetig rückläufigen Klickraten auf Online-Werbemittel erlebte die Realisierung klassischer Werbeziele automatisch ein Revival. So wurden mit Hilfe zahlreicher Studien die Wirksamkeitseffekte von klassischer Online-Werbung bei Kontakt eines Nutzers mit Online-Werbemitteln untersucht.

Mit der Kommunikationsleistung, die sich aus dem Erinnerungsvermögen des Rezipienten an das Online-Werbemittel inklusive beworbenen Objekt oder Dienstleistung zusammensetzt und der Interaktionsleistung, als Ausdruck des Klickverhaltens des Rezipienten mit Weiterleitung selbigen auf die Webseiten von Werbungtreibenden, unterscheidet die Transfer-Banner-Studie der Gruner+Jahr Electronic Media Sales GmbH aus dem Jahr 1999 dabei differierende Wirksamkeitseffekte.

---

[46] Vgl. Koschnik (2003), S. 2768.
[47] Vgl. Tomorrow Focus Media (2010), S. 8 f.
[48] Schmidt/ Spieß (1997), S. 358.
[49] Vgl. Werner (2003), S. 326.

21

So ergab sich nach Auswertung der Studie eine insgesamt fünffach höhere Kommunikationsleistung im Vergleich zu der vorherrschenden Klickrate auf Online-Werbemittel von zwei bis drei Prozent.[50] Des Weiteren weisen Online-Werbemittel eine merklich erhöhte Interaktionsleistung im Gegensatz zu klassischen Werbeformen auf.[51]

Die Relevanz der Kommunikationsleistung in Online-Werbekampagnen attestieren auch gegenwärtige Studien durchgehend:

So zeigen die Ergebnisse der Studie „Best of Branding" der Gruner+Jahr Electronic Media Sales GmbH aus dem Jahr 2011 auf, dass sämtliche klassische Werbeziele durch klassische Online-Werbung positiv beeinflusst wurden und kein Zusammenhang zwischen einer hohen Klickrate und der Werbewirkung einer Online-Werbekampagne besteht.[52]

Es wird zudem empfohlen, Online-Werbekampagnen in einem geeigneten Themenumfeld zu buchen, da dort bereits eine geringere Kontakthäufigkeit der Nutzer mit dem Online-Werbemittel die Online-Werbekampagne optimal wirken lässt und so die präferierte Zielgruppe schneller und intensiver erreicht werden kann.[53] Natürlich darf dabei nicht die inhaltliche und formale Gestaltung der Online-Werbemittel auf vorsegmentierte Zielgruppen vergessen werden, die den Vorstellungen des einzelnen Nutzers entsprechen muss.

Die Untersuchung kommt zu dem Schluss, dass die Klickrate keinen wirksamen Erfolgsindikator einer Online-Werbekampagne widerspiegelt.[54]

Nach Auffassung von den Werbewissenschaftlern Schweiger und Reisbeck sollte die Erfassung von Online-Werbemitteln durch den Rezipienten das vorrangige Werbeziel darstellen und das Layout und Konzept wohl durchdacht sein, da erst in einem zweiten Schritt der Klick eines aufmerksam gewordenen Nutzers folgt.[55] Hinsichtlich dieses Aspektes sind insbesondere Gestaltungsoptionen wie der Einsatz von unterschiedlich großen Werbemittelformen, Animationen, Farbigkeit, der Aufmachung der Werbebotschaft und interaktiven Elementen hervorzuheben.

---

[50] Vgl. Schweiger/ Reisbeck (1999), S. 224.
[51] Vgl. ebenda.
[52] Vgl. G+J EMS (2011), S. 12 ff.
[53] Vgl. ebenda, S. 16.
[54] Vgl. ebenda, S. 23.
[55] Vgl. Schweiger/ Reisbeck (1999), S. 221 ff.

Dabei kann beispielsweise ein Zusammenhang zwischen Werbemittelgröße und generierter Klickrate ausgemacht werden.[56] Mit Hilfe der online-spezifischen Gestaltungsoption der Animation soll die Wahrnehmungswahrscheinlichkeit von Online-Werbemitteln erhöht werden. Zudem können auf diese Art mehr Informationen durch das Online-Werbemittel zum Nutzer transportiert werden und ein Einsatz von verstärkenden Wiederholungseffekten wird möglich. Durch Integration interaktiver Komponenten in Online-Werbemittel (Spiele, Formulare u.v.m.), einer weiteren online-spezifischen Gestaltungsoption, lassen sich die Kommunikationsmöglichkeiten von Online-Werbung enorm erweitern und Aufforderungen zu aktiver Interaktion des Nutzers mit den Online-Werbemitteln setzen.

Online-Werbung ist durch die interaktive Gestaltungsoption klar abgrenzbar zu Werbung in klassischen Massemedien. Jedoch muss auch Online-Werbung, frei von jeglichen Werbezielen einer Online-Werbekampagne, zuerst die Aufmerksamkeit definierter Zielgruppen binden um zu wirken.

So werden etwa Display-Ads am Webseitenrand (Superbanner und Skyscraper) erst relativ zeitverzögert von den Nutzern registriert, verleiten diese aber anschließend auf Grund ihrer Unauffälligkeit zu erhöhten Akzeptanzwerten.

Dagegen gelten Display-Ads, die im Inhalt einer Webseite ausgesteuert werden (Content Ad, Halfpage Ad u.v.m.), sich über die Webseite legen (Banderole u.v.m.)[57] oder als Unterbrecherwerbung zwischen dem Wechsel von Webseiten erscheinen (Interstitial)[58] als sehr aufmerksamkeitsfördernde Werbemittel und erhöhen die Klickbereitschaft der Nutzer. Jedoch sind die Klickraten bei diesen Online-Werbemitteln auch mit Vorsicht zu betrachten, da es häufig zu unbeabsichtigten Interaktionen der Nutzer mit den entsprechenden Werbemitteln kommt.[59]

Aber nicht nur die Beachtung von Gestaltungsoptionen sowie der Einsatz geeigneter Online-Werbemittel wirken sich bei Online-Werbekampagnen auf die zu erwartende Klickrate aus, sondern auch eine ausbalancierte Begrenzung der Werbemittelkontakte pro Unique User (Frequency Capping), sodass ein Effekt der Reizüberflutung (Banner-Burnout) vermieden werden kann.

---

[56] Vgl. Tomorrow Focus Media (2010), S. 11.
[57] Siehe Anhang, II, S. 72, Abb. II.
[58] Siehe Anhang, III, S. 73, Abb. III.
[59] Vgl. ebenda.

Diesem Kriterium liegt die Überlegung zugrunde, dass ein Nutzer ein Werbemittel mit höherer Wahrscheinlichkeit anklickt, wenn er es erstmals oder nur einige wenige Male sieht. Wird das Werbemittel dem Nutzer mehrfach angezeigt, sinkt die Klickrate auf das Werbemittel bereits nach drei Werbemittelkontakten unter ein Prozent.[60]

Diametral dazu nimmt die Werbewirkungsforschung bei klassischen Werbemedien an, dass die Werbeerinnerung mit zunehmender Kontaktzahl steigt.[61]

Angestrebte Ziele einer optimalen Kampagnensteuerung sollten in Folge dessen aus Nutzer- und Werbersicht rotierende Werbemittel sein, die für einen gewissen Abwechslungsgrad sorgen, sowie die Vermeidung einer unbegrenzten Wiederholungsschleife von Online-Werbemitteln.

Ein weiterer Vorteil dieses Kriteriums liegt zudem darin, dass dem Nutzer dadurch ständig neue Werbebotschaften angeboten werden können und auf Seiten Werbungtreibender die Streuverluste einzelner Online-Werbekampagnen zusätzlich minimiert werden.

Jedoch muss bedacht werden, dass ein eventueller Wiederaufruf des Werbemittels für den Nutzer im Nachhinein kaum mehr möglich ist.

Schließlich kann nur durch permanente Beobachtung und Analyse des Nutzerverhaltens durch Werbungtreibende eine befriedigende Klickrate von Online-Werbung erreicht werden, was einen deutlichen Unterschied zu der Durchführung von Werbekampagnen in klassischen Medien darstellt.

Es ist anzumerken, dass einzelne klassische Online-Werbemittel unterschiedliche Klickraten aufweisen, diese aber fast ausnahmslos im unteren einstelligen Prozentbereich liegen und es so keinem Werbemittel gelingt, die Nutzer verstärkt zur Interaktion zu animieren.

Auch ein höherer Werbedruck seitens Werbungtreibender kann die nachlassende Aufmerksamkeit für Online-Werbung, gepaart mit schwindender Werbeakzeptanz sowie stärker werdender Werbereaktanz nicht abfedern und stellt das Werbeschema des WWW vor dieselben Probleme wie das der klassischen Medien.[62]

---

[60] Vgl. Goldhammer/ Fölsch (2002), S. 285.

[61] Vgl. Werner (2000), S. 72.

[62] Vgl. Schmidt (2004), S. 260 ff.

In Folge dessen unterliegen die Werbeziele der klassischen Online-Werbung einer permanenten Anpassung.

Es ist der Trend zu klassischen Werbezielen, wie dem Imageaufbau oder der Erhöhung des Bekanntheitsgrades im Gegensatz zu reiner Response-Generierung zu beobachten. Bestärkt wird dies durch die anhaltende Angleichung von Online-Werbemitteln mit Werbeformen klassischer Medien wie Interstitials als Anlehnung an Unterbrecherwerbung aus dem TV oder Content Ads, die wie Zeitungsanzeigen in einer Webseite platziert werden, sowie der immer stärkeren Verwendung von Videosequenzen in den Online-Werbemitteln selbst.

Aber auch die Erweiterung spezifischer Messmethoden des Channels WWW selbst verändern die Werbeziele – darunter Wahrnehmungsparameter, wie zum Beispiel die verstrichene Zeit bis zum Erstkontakt des Nutzers zum Werbemittel, Betrachtungsdauer des Werbemittels durch den Nutzer, Platzierung des Werbemittels (z.B. im sichtbaren Bereich).[63] Die Umstellung onlinespezifischer Werbeziele, weg von Klicks, hin zu neuen Messgrößen für die Erfolgsbewertung einer Online-Kampagne, wie Active View und Active GRP, lässt Werbungtreibende aufhorchen und hoffen.

Active View soll Werbungtreibenden dabei mitteilen, ab wann ein Online-Werbemittel als gesehen gezählt wird. Erste Überlegungen tendieren dazu, dass dies zum Beispiel der Fall ist, wenn das Online-Werbemittel für den Nutzer mindesten zu 50 Prozent im sichtbaren Bereich für mindestens eine Sekunde zu sehen ist.

Mit dem Active GRP soll Werbungtreibenden hingegen unter anderen die Schätzung in Echtzeit von Online-Kampagnenreichweiten ermöglicht werden und ein Äquivalent zum Gross Rating Point des Fernsehmediums geschaffen werden.[64]

Nach wie vor stellen jedoch Online-Werbekampagnen mit Erhöhung des Absatzes von Gütern und Dienstleistungen und somit bedingungsloser Orientierung an Klicks, Adressen und Leads den Hauptanteil im WWW.[65] Ein

---

[63] Vgl. Paperlein (Stand 17.10.2012).
[64] Vgl. Appelles (Stand 17.10.2012).
[65] Vgl. ZAW (2008), S. 334.

Grund dafür ist auch, dass sich diese erwähnten Werbeziele mit Werbung in klassischen Werbemedien nicht umsetzen lassen.

2.3 Nutzung und Akzeptanz unpersonalisierter Online-Werbung

Online-Werbung stellt aktuell einen omnipräsenten Faktor im WWW dar, da sich nahezu alle Webseiten bis zu einem gewissen Grad aus ihr finanzieren müssen. Dies ist unter anderem dem Zustand geschuldet, dass bei der überwiegenden Mehrheit der Nutzer keine beziehungsweise eine nur geringe Zahlungsbereitschaft für zum Beispiel redaktionelle Inhalte u.v.m. besteht.

Jedoch befürwortet diese überwiegende Mehrheit der Nutzer Online-Werbung, wenn infolgedessen der Gratisbetrieb der Webseiten und angeschlossener Dienstleistungen gewährleistet bleiben (90 Prozent der Nutzer befürworten Online-Werbung als Finanzierungsquelle von Webseiten).[66]

Trotz der bereits aufgezeigten erfolgreichen Entwicklung des WWW als Werbeträger bei Werbungtreibenden, sind unter den Nutzern jedoch erste Anzeichen eines Rückgangs der Akzeptanz von Online-Werbung auszumachen. So hat der Nutzeranteil, der Online-Werbung als sehr störend klassifiziert, innerhalb von vier Jahren um 20 Prozent auf 39 Prozent im Jahr 2007 zugenommen.[67]

Dieser zunehmende Akzeptanzverlust durch die Nutzer selbst wird durch mehrere Studien belegt:

Aus der Studie Kommunikationstrend aus dem Jahr 2007 geht hervor, dass 20 Prozent der Teilnehmer aus Überzeugung keine Online-Werbung wahrnehmen, 18 Prozent Online-Werbung nur oberflächlich wahrnehmen und bloß 13 Prozent ausschließlich interessante Online-Werbung anklicken.[68]

Des Weiteren fühlen sich 84 Prozent der Nutzer von Online-Werbung gestört, die redaktionelle Inhalte verdeckt.[69]

---

[66] Vgl. TNS Infratest (2011), S. 1.
[67] Vgl. Rolke/ Dost (2010), S. 42.
[68] Vgl. Hebben (Stand 17.10.2012).
[69] Vgl. BVDW (Stand 17.10.2012).

Auch eine Analyse über die Akzeptanz von Online-Werbemitteln hat ergeben, dass nicht nur Pop Ups mit 56,7 Prozent sondern auch klassische Online-Werbemittel mit 51,2 Prozent als die am meisten störenden Werbemittel im WWW von Nutzern bewertet werden.[70]

Diese Feststellungen werden ausdrücklich durch Aussagen zum aktuellen Marktanteil der Online-Angebote von lediglich 5,23 Prozent unter allen Werbeträgern in Deutschland an den Netto-Werbeumsätzen gestützt und bestätigen dem WWW, trotz außerordentlicher Zuwachsraten, den Charakter eines werblichen Ergänzungsmediums (siehe 2.1).

Für dieses Resultat spielt natürlich auch der jeweilige Hintergrund (Online-Shopping, Suchmaschinenrecherche, Nachrichtenabruf u.v.m.) eine bedeutende Rolle, mit dem ein Nutzer beabsichtigt, das WWW zu nutzen. So ist es nur verständlich, dass ein Nutzer, der einen ausführlichen redaktionellen Artikel liest, sich durch ein aufdringliches, ausklappendes Online-Werbemittel in seinem Lesefluss gestört fühlt. Werbungtreibende nehmen an, dass die Akzeptanz für Online-Werbung je nach Nutzungshintergrund beträchtlich voneinander abweicht.[71]

Wie im vorigen Abschnitt ausführlich beschrieben, ist die Klickrate auf klassische Online-Werbemittel seit Aufzeichnungsbeginn stetig zurückgegangen. Dies kann nicht nur an der permanenten Zunahme der Kampagnendichte im WWW und dem damit verbundenen Aufmerksamkeitsverlust pro Kampagne liegen (siehe 2.2), sondern auch auf dem Effekt eines sich abschwächenden Nutzerinteresses gegenüber dem neuen Medium WWW gründen oder mit einem Mangel an Attraktivität der hinter den Online-Werbemitteln geschalteten Webseiten einhergehen, sodass Nutzer mit diesem Erfahrungswert jene nicht mehr anklicken.[72]

Zusammenfassend kann festgehalten werden, dass Online-Werbung nutzerseitig sehr kritisch gesehen, jedoch nicht prinzipiell abgelehnt wird, die Akzeptanz aber elementar von dem Nutzungshintergrund des einzelnen Nutzers abhängig ist.

---

[70] Vgl. Duncker (2009), S. 70 ff.
[71] Vgl. Fösken (2009), S. 60 ff.
[72] Vgl. Schweiger/ Reisbeck (1999), S. 345.

Hieraus resultiert die Erkenntnis, dass Online-Werbung nur verstärkt mit Hilfe neuer Techniken, die auf den einzelnen Nutzer eingehen müssen, eine erneute Trendwende erfahren kann. Vor diesem Hintergrund hat sich für Werbungtreibende zwingend die Notwendigkeit einer Personalisierung der Online-Werbung ergeben.

Auf dieser Grundlage könnte Online-Werbung einerseits wieder affiner und interessanter für den Nutzer werden und somit andererseits auch dazu beitragen, Werbeziele der Werbungtreibenden erfolgreicher zu realisieren.

3. Personalisierte Werbung im WWW

„Je werbemündiger die Menschen werden, desto ungewöhnlichere Wege finden die Werber, um an sie heranzukommen und ihnen keinen werbefreien Raum mehr zu lassen"[73].

In diesem zweiten Hauptabschnitt soll zunächst auf die Besonderheiten einer Zielgruppensegmentierung im WWW und die Möglichkeiten der technischen Datenerfassung von Nutzern eingegangen werden, da diese Verfahren zusammen die Grundlage personalisierter Online-Werbung im WWW bilden. Des Weiteren wird ein umfangreicher Überblick über die diversen Möglichkeiten einer zielgruppenorientierten Einblendung von Online-Werbung mithilfe des Marketinginstrumentes Online-Targeting gegeben. In einem nächsten Schritt werden die Chancen und Risiken personalisierter Online-Werbung im Web 2.0 aus der Sicht von Werbungtreibenden und von Konsumenten auf der Basis von evaluativen Fallstudien und wissenschaftlichen Erhebungen und anhand rechtlicher Rahmenbedingungen wie Persönlichkeitsrechte und Datenschutz verdeutlicht.

3.1 Erhebung & Verarbeitung

In diesem Abschnitt sollen zunächst die Ursachen einer Segmentierung nach Zielgruppen erläutert werden, die die Grundlage für eine zielgruppengenaue Werbekommunikation bilden. Im weiteren Verlauf soll dabei explizit auf Besonderheiten der Zielgruppensegmentierung im WWW eingegangen werden. Dabei ist es von Bedeutung, welche Verfahren der technischen Datenerfassung von Nutzern im WWW, neben Markt-Media Studien, überhaupt zu einer Zielgruppensegmentierung beitragen.

3.1.1 Ursachen für eine Zielgruppensegmentierung

Aus Sicht von Werbungtreibenden ergibt sich die Notwendigkeit für eine Zielgruppensegmentierung aus Folgendem:

---

[73] Eicke (1999), S. 11.

Zum einen ist bekannt, dass Konsumentenbedürfnisse generell individuell sind und damit Werbungtreibende ständig vor das Problem einer adäquaten Werbeansprache des einzelnen Konsumenten gestellt werden. Um diesen Widerspruch zu relativieren, werden durch Sammlung von Informationen nach Möglichkeit identische Konsumentengruppen zusammengefasst, die einer Grundgesamtheit entstammen und möglichst nach Zusammenfassung noch eine ökonomische Verwertbarkeit durch eine hinreichende Konsumentengruppengröße aufweisen.[74]

So herrscht in einer überlegten Konsumenten- und Absatzausrichtung eines Werbungtreibenden allein schon der Ansatz, die Werbekommunikation möglichst nach soziodemographischen Merkmalen, wie Geschlecht, Alter und Familienstand zu differenzieren, um den Abverkauf beworbener Produkte durch die direkte Anknüpfung am Konsumentengruppennutzen deutlich zu erleichtern.[75]

Zum anderen wird durch Anwendung konsequenter Zielgruppensegmentierung seitens der Werbungtreibenden die Grundlage wirksamer Mediaplanung geschaffen, sodass für Webekampagnen exakte Konsumentengruppen gebucht werden können.[76] Dabei wird nach geographischen, soziodemographischen, psychographischen und verhaltensorientierten Kriterien, als bekannteste Reaktionskoeffizienten, unterschieden.

Hier fügt sich nahtlos das Marketinginstrument Online-Targeting an, mit dessen Hilfe eine präzise Zielgruppenansprache im WWW vorgenommen werden kann und auf das im weiteren Verlauf der Bachelor Thesis eingegangen werden soll.

3.1.2 Besonderheiten der Erhebung personenbezogener Daten im WWW

Generell lassen sich Konsumentengruppen im WWW, wie bereits in klassischen Medien, nach soziodemographischen Merkmalen (z. B. Alter, Geschlecht, Haushaltsnettoeinkommen, etc.) und Interessen (z. B. Politik, Kultur, Sport, etc.) differenzieren.

Bekannte Segmentierungskriterien werden dabei aber um online-spezifische Kriterien ergänzt, um noch zielgerichteter werben zu können.

---

[74] Vgl. Bruhn (2010), S. 247 f.
[75] Vgl. ebenda.
[76] Vgl. ebenda.

So kann ein Nutzer mit geringer Zugangsgeschwindigkeit beispielsweise nur sehr eingeschränkt multimedial gestaltete Werbemittel wahrnehmen (technographische Segmentierung).[77]

Durch zunehmend mehr individuellen Entfaltungsspielraum bei gleichzeitig aktiver Beteiligung des Nutzers, im Vergleich zu klassischen Medien, erhält zudem die Zielgruppensegmentierung nach Interessen im WWW eine wesentlich größere Bedeutung (siehe 3.2.3).[78]

Um Werbungtreibenden auch im WWW eine transparente und standardisierte Grundlage für die Erstellung von Mediaplänen zu bieten, werden unabhängig von Individualinteressen monatlich Nutzungsdaten der größten Portale durch die Studie internet facts der Arbeitsgemeinschaft Online Forschung (AGOF) erhoben. Als vergleichbare und aussagekräftige Reichweitenwährung digitaler Medien wurde dabei der Leistungswert der „Unique User" (einzelner Nutzer) etabliert.

Die quartalsmäßig erhobene Studie basiert auf einem Drei-Säulen-Modell, „in dessen Zentrum die elektronische Messung der Nutzung (Basiserhebung) steht, [...] die durch OnSite-Befragung sowie eine bevölkerungsrepräsentative Telefonbefragung ergänzt wird"[79].

Für eine umfassend genaue Abbildung des Nutzerverhaltens im Gesamtmarkt ist eine Kombination dieser Messmethoden von Relevanz.

So kann durch die elektronische Messung ausschließlich auf Unique Clients (einzelne Rechner) geschlussfolgert werden.

Erst durch Hilfe zusätzlicher OnSite-Befragung sowie Verfahren der technischen Datenerfassung (siehe 3.1.3) können daraus einzelne Nutzer hergeleitet werden. Dies ist wichtig, da einerseits mehrere Nutzer von demselben Computer aus agieren können, zum Beispiel in Form einer Familie, die in verschiedenen Sitzungen diverse Online-Angebote aufruft. Andererseits kann auch ein einzelner Nutzer von mehreren Computern aus WWW-Dienstleistungen in Anspruch nehmen.

Im Gegensatz zu den Markt-Media Studien der klassischen Medien, die einmal jährlich erhoben werden, zeichnet sich die Markt-Media Studie der digitalen

---

[77] Vgl. Modahl (2000), S. 53 ff.

[78] Vgl. Stolpmann (2000), S. 29.

[79] www.agof.de (Stand 24.06.2012).

Medien mit ihrem monatlichen Erscheinungsturnus durch eine höhere Aktualität aus.

Zudem erfolgt mit Hilfe der elektronischen Messung praktisch eine Vollerhebung, während bei den klassischen Markt-Media Studien per Hochrechnung auf die Grundgesamtheit geschlossen wird.[80]

Prinzipiell sind Vermarkter von Online-Portalen und Werbungtreibende jedoch nicht unbedingt auf Datenerhebung und -auswertung durch die AGOF und weitere Institute angewiesen, sondern können auf Grund der Rückkanalfähigkeit des WWW auch eigenständig genaue Nutzungsdaten (z.B. Aufenthaltsdauer eines Nutzers auf einer bestimmten Webseite, Page Impressions, Visits etc.) ermitteln. So tragen die Nutzer selbst durch aktive Datenbeisteuerung, zum Beispiel durch Registrierung auf einem Shopping-Portal, zu einem umfangreichen Datenbestand bei.

Das US-Marktforschungsinstitut IDC nimmt an, dass jeden Tag 2,5 Trillionen Bytes an Daten im WWW hinzukommen und sich der Datenbestand alle 18 Monate verdoppelt.[81]

Weitere Datenquellen, auf die dabei zurück gegriffen werden kann, sind zum Beispiel unternehmenseigene CRM-Daten (Customer-Relationship-Management), ergänzende onSite-Befragungen, oder eingekaufte Data-Warehouse-Daten und verhaltensbasierte Daten von Webanalyseanbietern.

Nach abgeschlossener Datenprofilierung können die massiven und umfassenden Datenbestände durch neue technologische Möglichkeiten im Bereich des Data-Minings (gezielte Auswertung von Daten) und der Datenanalyse via Affinitäten-Analysen, Nutzer-Analysen und bestimmter Scoring-Modelle u.v.m. verarbeitet werden, sodass im besten Fall auf dieser Basis ein aussagekräftiges Nutzerprofil angelegt werden und Online-Werbung entsprechend personalisiert werden kann.

Eine herausragende Besonderheit des Online-Mediums besteht darüber hinaus in der Messbarkeit des einzelnen Werbekontakts (User Markierung), da über technische Protokolle (Cookies, Zählpixel u.v.m.) präzise nachgewiesen werden

---

[80] Vgl. Koschnik (2003), S. 1808.
[81] Vgl. Zunke (Stand 17.10.2012).

kann und welche bei Einsatz exakt wiedergeben, wann ein und derselbe Nutzer eine Internetseite aufgerufen oder ein Werbemittel angeklickt hat.[82]

Zusammenfassend existieren für Werbungtreibende im WWW also ausgezeichnete Grundlagen für eine attraktive, nutzerorientierte Mediaplanung sowie eine wirkungsvolle Werbeerfolgskontrolle.

3.1.3 Möglichkeiten der technischen Datenerfassung von Nutzern im WWW

„Je besser die Analyseinstrumente werden, desto drängender wird das Problem des Datenschutzes und desto größer werden die prinzipiellen Missbrauchsmöglichkeiten"[83].

Wie bereits im vorigen Abschnitt erwähnt, zeichnet sich das WWW als Erhebungsinstrument durch Aktualität und nahezu eine Vollerhebung aus.

Gleichzeitig lässt sich das Erhebungsverfahren durch die elektronisch begünstigte Messmethode kostengünstiger und weniger fehleranfällig durchführen.[84]

Ausgehend von den bereits genannten Fakten lässt sich schlussfolgern, dass die Segmentierung von Nutzern in Milieus qualitativ und quantitativ umfassender erfolgt, als dies bei klassischen Medien der Fall ist.

Von besonderer Bedeutung für die Anwendung von Online-Targeting-Formen im WWW sind dabei auch die Verfahren der technischen Datenerfassung, durch die, zusätzlich zu den beschriebenen Datenerhebungsquellen im vorigen Abschnitt, ebenfalls umfassende Nutzungsdaten gesammelt und später exakt einzelnen Nutzern zugeordnet werden können.

Durch diese Kombination kann Werbungtreibenden eine Vielzahl von einzelnen oder kombinierten Zielgruppensegmenten als Buchungsbasis angeboten werden und eine personalisierte Werbeansprache erreicht werden.

Nachstehend soll deshalb auf die vier wesentlichen Verfahren der technischen Datenerfassung (Logdatei-Analyse, Cookies, Pixelbasiertes Messverfahren und Nutzerregistrierung ansatzweise eingegangen werden.

---

[82] Vgl. Fisch (2009), S. 12 ff.

[83] Kruse (2010), S. 1 ff.

[84] Vgl. ebenda.

3.1.3.1 Logdatei-Analyse

Eine Logdatei (log file) ist eine automatisch erstellte Protokoll-Datei, die auf jedem Computer hinterlegt ist und jegliche getätigte Prozesse und Aktionen registriert.

Diese kann bei Interaktion des Nutzers im WWW durch den Portal Betreiber mittels einer entsprechenden Software zum Betrieb von Webseiten nach bestimmten Kriterien durchsucht werden. Festgehalten wird dabei beispielsweise der Zeitpunkt (Datum, Uhrzeit) und die Bezeichnung durch den Nutzer abgerufener Dateien oder aufgerufener Unterseiten innerhalb desselben Online-Angebotes.

Des Weiteren ist die IP-Adresse des Nutzers, die vor dem aktuellen Seitenaufruf zuletzt besuchte Webseite, die Version des verwendeten Browsers und Betriebssystems, die Häufigkeit von Seitenabrufen und die Aktivität (Verweildauer) der Webseiten-Besuche für Betreiber von Online-Portalen ersichtlich. Von der   IP-Adresse eines einzelnen Rechners lässt sich wiederum mit Hilfe von   IP-Datenbanken auf „die regionale Ansässigkeit der Provider"[85] schließen, die ein Nutzer benutzt um eine Verbindung mit dem WWW herzustellen.

Generell kann mit diesem Verfahren nur sehr ungenau auf einen einzelnen Nutzer geschlossen werden, da mehrere Internet Service Provider (u.a. AOL) eine wechselnde IP-Adresse an ihre Kunden vergeben und diese folglich nicht mit einem einzelnen Nutzer gleichzusetzen ist.[86]
Auch weitere erwähnte Kriterien, wie das verwendete Betriebssystem, müssten sogar in Kombination schon sehr speziell sein um daraus einen einzelnen Nutzer abzuleiten.

Häufig wird die Logdatei-Analyse deshalb mit anderen Verfahren der technischen Datenerfassung kombiniert. Es können jedoch oftmals Rückschlüsse auf die

---

[85] Fisch (2009), S. 36.
[86] Vgl. Chaffey/ et al. (2001), S. 327.

Herkunftsregion von Nutzern, über ihre Rechner und ihre Einstellung zu Technik gezogen werden.

Darüber hinaus bietet sich die Logdatei-Analyse zudem an, um eine Webseite zu optimieren, benutzerfreundlicher zu gestalten und sie liefert Rückschlüsse über den Erfolg einer Marketingaktion.[87]

3.1.3.2 Cookies

Ein Cookie ist eine kleine Informationseinheit, die durch einen Webserver während des Besuches einer Webseite zur Nutzeridentifikation mittels eines Browsers auf dem Rechner des Nutzers gespeichert werden kann und die zur zeitlich beschränkten Archivierung von Informationen dient. Bei jedem weiteren Aufruf einer Webseite oder einer Unterseite werden die bereits vorhandenen Cookies durch den Webserver abgefragt und, falls auf der Webseite vorhanden, durch neue ergänzt.[88]

Cookies beinhalten beispielsweise „Informationen über Seiten, die schon besucht wurden, Einstellungen und Eingaben des Besuchers, sowie teilweise Informationen über bereits gekaufte Produkte oder angeklickte Angebote.[89] Auf Grundlage dieser Datenlage können Nutzerprofile erstellt und einzelne Nutzer identifiziert werden, was wiederum der Zielgruppensegmentierung dient.
Speziell konstruierte permanente Cookies, die auf dem Rechner des Nutzers hinterlegt werden, dienen im Gegensatz zu den so genannten Session-Cookies, einer dauerhaften Analyse des Nutzerverhaltens über einen längeren Zeitraum.
Session-Cookies wiederum dienen unter anderem dazu „einen zusammenhängenden Nutzungsvorgang (Besuch) [auf einer Webseite] besser abzugrenzen"[90].

Das E-Commerce Unternehmen Amazon wendet diese Methode auffallend deutlich an. Der Nutzer legt einmalig ein persönliches Benutzerkonto an und begibt sich anschließend auf eine virtuelle Einkaufstour. Nach einem späteren Wiederbesuch der Amazon-Webseite wird der Nutzer bereits mit Namen begrüßt

[87] Vgl. Stahl/ et al. (2009), S. 83 f.
[88] Vgl. Fritz (2004), S. 92.
[89] Vgl. Chaffey/ et al. (2001), S. 328f.
[90] Fisch (2009), S. 20 f.

(siehe 3.1.3.4), er sieht sofort, welche Artikel zuletzt angesehen oder gekauft wurden und bekommt zugleich ähnliche Artikel empfohlen.

Weiterhin besteht die Möglichkeit, Interessen und Affinitäten am konkreten Verhalten eines einzelnen Nutzers innerhalb einer Webseite oder eines Netzwerkes zu erkennen. Dabei wird ebenfalls ein Nutzerprofil erstellt, das ständig durch Daten, auf der Basis von Cookies, die das Surf-, Klick- und Kaufverhalten eines einzelnen Nutzers aufzeichnen, erweitert wird. Zudem ist ein Adserver bei dieser Methode so programmiert, dass dieser an einen einzelnen Nutzer Affinitäten vergibt, wenn dieser ein Interessengebiet mehrmals aufruft. Diese Erweiterung ermöglicht u.a. die Methode des Predicitve Behavirol Targeting (PBT), auf die im Unterabschnitt 3.2.3. später noch detaillierter eingegangen wird.[91]

Anders als die Logdatei sind Cookies für den Nutzer via Webbrowser löschbar oder es besteht für ihn die Möglichkeit, Cookies zu blockieren.

3.1.3.3 Pixelbasiertes Messverfahren

Basierend auf den Verweigerungsmöglichkeiten des Nutzers, Cookies nicht zuzulassen bzw. zu löschen, greifen einige Werbungtreibende zusätzlich auf ein weiteres Verfahren der technischen Datenerfassung zurück, dem so genannten „Pixel Tracking".

Auf der Webseite des Daten sammelnden Unternehmens oder in die dort platzierten Werbemittel werden kleine, oftmals nur ein mal ein Pixel große, transparente Grafiken implementiert. Wird die Webseite nun von dem Nutzer aufgerufen, werden auch diese Zählpixel mitgeladen. Auf diese Weise kann erneut per Logdatei-Analyse registriert werden, wann welcher Nutzer einen bestimmten Teil der Webseite angeklickt hat, und wie lange er sich dort aufgehalten hat.

Zudem können weitere marktgängige Controlling-Kennzahlen wie z.B. Browser-Verteilung, Herkunftsseiten, Einstiegs- und Ausstiegsseiten,

---

[91] Vgl. Fisch (2009), S. 21.

Suchbegriffe in Suchmaschinen, sowie Page Impressions und Visits erhoben werden.

3.1.3.4 Nutzerregistrierung

Eine gute Möglichkeit um persönliche Daten eines einzelnen Nutzers zu erhalten und diese später in Kombination mit dem Nutzungsverhalten zu Segmentierungszwecken zu verwenden, bietet die Pflicht zur Registrierung von Nutzern auf einer bestimmten Webseite.

Wenn ein Nutzer sich beispielsweise bei einem E-Mail Provider anmeldet und ein Benutzerkonto eröffnet, wird er aufgefordert, persönliche Daten, wie Name, Adresse, Telefonnummer und Wohnort in ein Formular einzugeben und gegebenenfalls persönliche Interessen anzugeben.

Werbungtreibenden bietet das technische Verfahren der Nutzerregistrierung einen erheblichen Vorteil. Der einzelne Nutzer wird sofort bei jeder erneuten Anmeldung erkannt, sein Verhalten kann dauerhaft protokolliert werden und das so entstandene Nutzerprofil kann später ausgewertet werden.[92]

Hinzu kommt, dass nicht konstante Daten (zum Beispiel Alter) entweder automatisch aktualisiert werden, oder regelmäßig erneut abgefragt werden, um den individuellen Datenbestand aktuell zu halten. Werbungtreibende, die diese Möglichkeit nutzen möchten, müssen ihren potenziellen Kunden jedoch einen Anreiz oder relevanten Nutzen für die Registrierung bieten, damit eine Anmeldung erfolgt.[93] Exemplarisch kann dafür das Beispiel eines kostenlosen E-Mail-Kontos angeführt werden.

3.2 Formen personalisierter Werbung

Online-Targeting ist ein Marketinginstrument, bei dem Werbemittel zielgerichtet durch Hinterlegung von Zielgruppensegmentierungen, automatisiert über einen Adserver, auf Webseiten an definierte Zielgruppen ausgeliefert werden.[94]

---

[92] Vgl. ebenda.
[93] Vgl. ebenda.
[94] Vgl. Kastner (2009), S. 165.

Dabei wird auf der eingebundenen Webseite ein JavaScript-Code des Adservers implementiert. Sobald nun ein Nutzer die entsprechende Webseite besucht, wird eine Anfrage (Ad Request) an den Adserver geleitet, der innerhalb eines Sekundenbruchteils ein Werbemittel, ggf. mit entsprechender Targeting-Parameter, aus seinem vorhandenen Werbemittelpool zurücksendet, das dann für den Nutzer sichtbar wird. Grundlage für personalisierte Werbemittel sind dabei Daten der Markt-Media Studien sowie der Verfahren der technischen Datenerfassung, aus denen Segmentierungskriterien und Zielgruppentypologien gewonnen werden. Die Werbemittelauslieferung auf Basis dieser Kriterien und Typologien soll eine möglichst genaue Zielgruppenansprache möglich machen. Durch Adserver, die komplexe Analysetools bereit halten, besteht für Werbungtreibende zudem die Möglichkeit, eine Aussage über den Werbeerfolg einer Werbekampagne zu treffen, da Werbemitteleinblendungen (Ad Impressions) und Werbemittelklicks   (Ad Clicks) exakt protokolliert werden.

Für jede Online-Werbekampagne werden die Kriterien im Vorfeld einzeln festgelegt oder können während der laufenden Kampagne aktualisiert werden. Online-Targeting bietet Werbungtreibenden grundsätzlich zwei besondere Vorteile:

So können Werbemittel mit einem möglichst minimalen Streuverlust an die vordefinierte Zielgruppe ausgeliefert werden und somit die Effizienz der Zielgruppenansprache durch relevantere Werbung im Vergleich zu Werbung in klassischen Medien verbessert werden.[95]

Außerdem führt Online-Targeting dazu, dass Webseiten-Vermarkter den begrenzten Werbeplatz auf ihren Portalen gezielter einsetzen können und auf diese Weise höhere Konversionsraten und höhere Erträge generieren können.

Um zu überprüfen, ob Online-Targeting diesem Anspruch gerecht wird, ist es notwendig, die Werbeerfolge von Werbekampagnen mit und ohne Targeting-Technologien zu vergleichen.

Ebenso wie sich Zielgruppen nach verschiedenen Kriterien und Typologien segmentieren lassen, ist auch Online-Targeting in verschiedenen Formen und nach unterschiedlichen Kriterien möglich. Entsprechend den hinzugewonnenen

---

[95] Vgl. Bürlimann (2004), S. 109.

Erkenntnissen aus technischen Verfahren und den immer umfangreicher werdenden Datensammlung über Online-Zielgruppen haben sich in den vergangenen Jahren verschiedene Targeting-Formen entwickelt. Im Folgenden sollen die wichtigsten Targeting-Formen näher erläutert werden.

3.2.1 Targeting nach technographischen Kriterien

Mit Hilfe dieser technographischen Kriterien lässt sich die Einstellung eines Unique Clients zu Technik und technischem Fortschritt ableiten.

Für Werbungtreibende besteht die Möglichkeit, durch die erwähnte Logdatei-Analyse Informationen über technische Zugangsvoraussetzungen des Nutzers zu ermitteln, sodass nur Werbemittel ausgeliefert werden, die der Browser durch voreingestellte Bildschirmauflösung und verwendete Bildschirmgröße des Nutzers tatsächlich darstellen kann. Durch Browsertyp, neueste Browserversion, hohe Bandbreite oder das verwendete Betriebssystem lassen sich ferner Rückschlüsse über die technische Versiertheit des einzelnen Nutzers ziehen.[96]
So kann von einem relativ zeitgemäßen Betriebssystem indirekt auf die Leistungsfähigkeit des Rechners geschlossen werden. Das Betriebssystem wird aber auch verwendet, um zwei besondere Zielgruppen zu selektieren. Nach Apple-Nutzern, die tendenziell dem Feld der Freiberufler, Werbe- und Kreativagenturen zugeordnet werden, sowie nach Linux-Nutzern, die typischer Weise eine sehr IT-affine Zielgruppe darstellen. Auf diese Weise kann zum Beispiel Online-Werbung für bereits installierte Betriebssysteme vermieden werden.[97]

Auch der Bandbreite und somit der Geschwindigkeit der Internetverbindung kommt im technischen Targeting eine wichtige Rolle zu. Der Adserver hat die Aufgabe, diesen Parameter zu erkennen und entsprechend der technischen Voraussetzungen, beispielsweise anstatt eines interaktiven Werbemittels mit Videosequenz ein statisches Werbemittel auszuliefern, welches mit kürzeren Ladezeiten für den Nutzer verbunden ist.
Dass diese Selektion noch immer durchaus sinnvoll ist, lässt sich anhand der Ergebnisse der Erhebung des Statistischen Bundesamtes (Destatis) zur Nutzung

---

[96] Vgl. ebenda.
[97] Vgl. Dannenberg/ Wildschütz (2006), S. 19.

von Informations- und Kommunikationstechnologien (IKT) in privaten Haushalten belegen: „Im Jahr 2011 waren 77 % der privaten Haushalte in Deutschland mit einem Internetzugang ausgestattet"[98], von denen 93 % (28 Millionen) private Haushalte über einen Breitbandanschluss verfügten. 13 % der privaten Haushalte nutzen aber auch noch immer analoge Modems, ISDN-Modems, ISDN-Karten oder vermehrt Handys und Smartphones mit mobilem Schmalbandanschluss (GPRS) für die Herstellung einer Internetverbindung.[99] Werbungtreibende können auf dieser Grundlage nur Nutzern mit Schmalbandanschluss Online-Werbung für einen Wechsel auf Breitbandanschlüsse anzeigen lassen.

Adserver ermöglichen Werbungtreibenden zudem eine Begrenzung der Werbemittelkontakte pro Unique User (Frequency Capping), so kann ein Effekt der Reizüberflutung vermieden werden. Diesem Kriterium liegt die Überlegung zugrunde, dass ein Nutzer ein Werbemittel mit höherer Wahrscheinlichkeit anklickt, wenn er es erstmals oder nur einige wenige Male sieht. Wird das Werbemittel dem Nutzer mehrfach angezeigt, sinkt die Klickrate auf das Werbemittel. Der Vorteil dieses Kriteriums liegt zudem darin, dass dem Nutzer ständig neue Werbebotschaften angeboten werden können. Jedoch muss bedacht werden, dass ein eventueller Wiederaufruf des Werbemittels für den Nutzer im Nachhinein kaum möglich ist.

Targeting nach technischen Kriterien bildet somit eine wichtige Grundvoraussetzung für einen effizienten Einsatz von Werbemitteln und ist für alle Formen der Online-Werbung von Bedeutung.

3.2.2 Targeting nach geographischen und zeitlichen Kriterien

Geographische und zeitliche Kriterien spielen ebenfalls eine wesentliche Rolle bei der Verwendung von Werbemitteln im WWW.

Für Werbungtreibende ist es wichtig, Nutzer einem Sprachraum, einem Land, einer Region oder sogar einem Ort zuordnen zu können.

---

[98] Statistisches Bundesamt (2011), PM Nr. 474.
[99] Vgl. ebenda..

Die Sprache des Nutzers ist relativ einfach über die Spracheinstellungen im Browser ermittelbar.

Die räumliche Zuordnung erweist sich jedoch schon als etwas schwieriger. Grundsätzlich bestehen mit der IP-Adresse, dem Nutzerprofil und einem inhaltlichen Kontext drei Möglichkeiten, Nutzer geographisch zuzuordnen.

So eignet sich das IP-Targeting besonders auf Länderebene, da von der IP-Adresse eines Unique Clients auf den Standort des Rechners geschlossen werden kann. Nutzer aus Deutschland, die ausländische Webseiten aufrufen, bekommen auf diese Weise deutschsprachige Werbemittel angezeigt.[100]

Von der IP-Adresse eines Unique Clients lässt sich wiederum mit Hilfe von IP-Datenbanken auf die regionale Ansässigkeit der Provider schließen, die ein Nutzer benutzt um eine Verbindung mit dem WWW herzustellen.[101]

Generell kann mit diesem Verfahren nur sehr ungenau auf einen Unique User geschlossen werden, da mehrere Internet Service Provider (u.a. AOL) eine wechselnde IP-Adresse an ihre Kunden vergeben und diese folglich nicht mit einem einzelnen Nutzer gleichzusetzen ist.[102]

Zudem können Nutzer, die beruflich über Firmennetzwerke das WWW benutzen, teilweise nicht lokal zugeordnet werden.[103] Eine genaue Zuordnung eines einzelnen Nutzers könnte jedoch durch den gleichzeitigen Einsatz von Cookies unkompliziert herbeigeführt werden.

Eine geographische Zuordnung von Nutzern auf Basis von Nutzerprofilen ist wesentlich unkomplizierter, da Nutzer in der Regel ihr Herkunftsland und ihren Herkunftsort korrekt angeben oder dieser durch Cookies bestimmt werden kann. Diese Angaben ermöglichen eine präzise Zuordnung und ein entsprechend erfolgreiches lokales Targeting. Bei der Zuordnung nach Nutzerprofilen muss jedoch in Betracht gezogen werden, dass der Nutzer sich im Moment des Werbekontaktes möglicherweise nicht an seinem Herkunftsort befindet.

Geographisches Targeting mit Kontextbezug bietet zwei verschiedene Möglichkeiten Online-Werbung gezielt zu platzieren.

---

[100] Vgl. Fisch (2009), S. 36.
[101] Vgl. ebenda.
[102] Vgl. Chaffey/ et al. (2001), S. 327.
[103] Vgl. ebenda.

Zum einen lassen sich Werbemittel an Namen von Regionen oder Orten knüpfen und eröffnen lokal operierenden Werbungtreibenden Möglichkeiten einer effizienten Zielgruppenansprache. Gibt ein Nutzer beispielsweise die Begriffe Hotel und Berlin oder Freizeitpark und Rostock in ein Suchformular auf einem Online-Portal ein, lässt dies jeweils mit ziemlicher Sicherheit auf Präferenzen und einen regionalen Bezug schließen

Zum anderen ist evident, dass sich Webseiten mit regionalem oder lokalem Inhalt sehr gut als Werbeträger für regionale Online-Werbung eignen. Auch größere Portale mit regionalem Bezug können von dieser Form des Targetings profitieren. Das Online-Portal meinestadt.de bietet Werbungtreibenden beispielsweise sehr detailliertes regionales Targeting auf 11.337 einzeln buchbaren Städten und Gemeinden an.[104]

Kate Owen, Europa Marketing Direktorin bei Digital Element, bestätigt: „Geografische Onlinewerbung kann den Response verdreifachen" und geographische Targeting-Lösungen „können damit auch auf sprachliche Besonderheiten der Region eingehen, Sprüche etwa, Dialekte sind möglich oder Bezüge auf lokale Persönlichkeiten"[105] sind herstellbar.

Aber auch für diverse weitere Beispiele ist geographisches Targeting denkbar. Ein Berliner Gasversorger, der seine Dienstleistungen nur in der Hauptstadt zu Verfügung stellt, hat kein potentielles Interesse an einer Werbemittelauslieferung an Nichtberliner. Durch geographisches Targeting kann dies ausgeschlossen werden.

Die bereits mehrfach erwähnte Rückkanalfähigkeit des WWW ermöglicht auch das Targeting nach zeitlichen Kriterien.

So können Werbemittel an bestimmten Wochentagen oder zu bestimmten Uhrzeiten ausgeliefert werden. Basis dieser Targeting-Methode bildet die Annahme, dass sich bestimmte Zielgruppen zu bestimmten Zeitpunkten gehäuft online befinden, beziehungsweise das WWW im besonders starkem Maße nutzen. Hinzu kommt die Mutmaßung, dass die Nutzungsmotive eines Nutzers über den Tages- und Wochenverlauf unterschiedlich sind.

---

[104] Vgl. allesklar.com (2012), S. 3.
[105] Gehl (Stand 24.06.2012).

Ein simpler Fall von Targeting nach Zeitabschnitten ist beispielsweise bei berufstätigen Nutzern die Unterscheidung zwischen Arbeitszeit und Freizeit, da sich die Nutzungsmotive in der Regel nicht decken.[106]

Zeitliches Targeting bietet jedoch darüber hinaus präzisere Möglichkeiten, die erst auf den zweiten Blick ersichtlich sind.

Das Unternehmen CBS marketwatch.com gehörte zu den Ersten, die in den USA Targeting nach zeitlichen Kriterien betrieben haben. Bereits 2001 wurde beispielsweise in Kooperation mit dem Unternehmen Budweiser Bierwerbung von Freitag 11 Uhr bis 18 Uhr geschaltet.[107] Also in einem Zeitabschnitt, in dem Werbungtreibende hofften, dass sich viele Männer auf ihr erstes Wochenendbier freuen.

Auch über längere Zeitabschnitte ist diese Form des zeitlichen Targetings möglich, sodass ein Anbieter von Medizin gegen Heuschnupfen verstärkt in den Monaten Februar bis Mai werben könnte. Targeting nach Zeitabschnitten ließe sich jedoch auch teilweise über klassische Medien realisieren.

Eine relative neue Mischform aus geographischem und zeitlichem Targeting stellt das Targeting nach Wetterlage dar. Dabei wird eine Schnittstelle zwischen angeschlossenem Wetterdienst und Adserver genutzt.

Ein Nutzer, bei dem regnerisches Wetter herrscht, bekommt Online-Werbung für den Sommerurlaub präsentiert, wohingegen der Nutzer in sonniger Wetterlage Online-Werbung für den Eisgenuss erhält.

3.2.3 Targeting nach soziodemographischen und psychographischen Kriterien

Wie bereits im Unterabschnitt 3.1.2 erläutert, bietet Online-Werbung auf Basis soziodemographischer Daten ausgezeichnete Möglichkeiten, Nutzer gezielt anzusprechen und Streuverluste zu minimieren. In klassischen Medien existiert diese Form der Zielgruppensegmentierung zwar auch, meistens ist es jedoch nicht möglich, dem individuellen Nutzer Merkmale zuzuordnen, sodass zwangsläufig Streuverluste in teilweise erheblichem Ausmaß entstehen.

---

[106] Vgl. Eisinger/ Rabe/ Thomas (2009), S. 226.
[107] Vgl. Mühling (2009), S. 72.

Online-Werbemittel können zum Beispiel ausschließlich an Männer zwischen 40 und 50 Jahren ausgeliefert werden, die in einem Radius von ca. 20 Kilometern um Berlin wohnen und über ein Einkommen von mehr als 3.000 EUR verfügen.

Die Anwendungsmöglichkeiten sind dabei vielfältig.

Ein und dasselbe Produkt kann beispielsweise auf Basis des soziodemographischen Targetings gleichzeitig unterschiedlichen Zielgruppen mittels inhaltlich unterschiedlicher Werbemittel angeboten werden.

Ein moderner Kleinwagen, der an Fahranfänger vermarktet werden soll, kann in der Zielgruppe der Fahranfänger als sportlich, elegant und originell beworben werden. Wohingegen in der Zielgruppe der Eltern, die einen Autokauf oft finanziell unterstützen oder als Bürge auftreten, auf Sicherheits-statistiken und besondere Preisangebote hingewiesen werden kann, um diese zusätzlich zu überzeugen. Die sonst üblichen Streuverluste oder gar eine Verwässerung der Produktpositionierung bei einer der beiden Zielgruppen können so vermieden werden.

Führende Online-Vermarkter, die von ihren Nutzern Profile anlegen, erzielen besondere Vorteile dadurch, dieses soziodemographische Targeting anderen Werbungtreibenden anzubieten.

So verfügt die OMS Vermarktungs GmbH über Daten Geschlecht, Alter, PLZ, Haushalts-Nettoeinkommen, Haushaltsgröße, Bildung und Berufstätigkeit, aber auch über eine breite Auswahl von Interessen und Affinitäten ihrer Nutzer.[108]

Affinitäten und Interessen der Nutzer können dabei über die Registrierung erfragt werden oder mittlerweile auch am konkreten Verhalten eines einzelnen Nutzers erkannt werden. Auf der Vermutung gegründet, dass aus dem Nutzungsverhalten eines einzelnen Nutzers unmittelbare Rückschlüsse auf ein Interesse gezogen werden können, werden Nutzerprofile angelegt, die in Echtzeit aktualisiert werden.

Dabei greift die Methode des Predictive Behavioral Targeting (PBT) auf gesetzte Cookies zurück, die das Surf-, Klick- und Kaufverhalten eines einzelnen Nutzers aufzeichnen und zudem auf einen Adserver, der so programmiert ist, einem einzelnen Nutzer Affinitäten zuzuordnen, wenn dieser ein Interessengebiet mehrmals aufruft. PBT stellt eine Erweiterung des Targetings nach

---

[108] Vgl. OMS (2012), S. 6 ff.

soziodemographischen Kriterien dar und ergänzt dieses noch um psychographische Kriterien (Einstellungen und Werte mit dem daraus resultierenden Konsumverhalten). Dadurch werden auch komplexe Zielgruppen für Werbungtreibende direkt buchbar, unabhängig von dem Themenumfeld, in dem sich ein Nutzer aufhält.[109]

Durch die Abweichung des redaktionellen Inhalts fallen die affinen Werbemittel dem Nutzer noch stärker auf. Gegenüber Werbekampagnen in klassischen Medien bedeutet dies plakativ formuliert, „Abschied nehmen von Werbung, die zum thematischen Umfeld passt. Jetzt gibt es Werbung, die zum Nutzer passt"[110].

Den Möglichkeiten personalisierter Online-Werbung sind kaum Grenzen gesetzt; so kann beispielsweise ermittelt werden, welche Nutzer auf welche Signalwörter in Werbemitteln reagieren.

Nutzer, die auf Wörter wie „sparen" oder „gratis" reagieren, bekommen zukünftig entsprechend gestaltete Werbemittel angeboten.

Die Grenzen personalisierter Online-Werbung sind in diesem Zusammenhang nicht inhaltlich determiniert, sondern eher davon abhängig, ob ein entsprechendes Zielgruppensegment groß genug und damit aus Sicht der Werbungtreibenden wirtschaftlich ist.

Um die gewünschte Anzahl an Werbekontakten zu erhöhen, können Online-Vermarkter mit einem großen Webseiten-Portfolio ihre Nutzer wiederfinden, wenn diese eine Webseite öffnen, die zum Netzwerk gehört. Diese Form der seitenübergreifenden Auslieferung von Werbemitteln wird als „Run-off-Network" bezeichnet.[111]

Dabei wird oft auf Retargeting, eine weitere besondere Form des soziodemographischen Targetings, zurückgegriffen. Klicken Nutzer im Rahmen eines Webseiten-Portfolios ein bestimmtes Werbemittel an und tätigen jedoch keinen Kauf, werden sie durch ein gesetztes Cookie als Nichtkäufer identifiziert. In Folge dieser Retargeting-Kennung bekommen diese Kaufinteressenten auch

---

[109] Vgl. Mühling (2009), S. 66.
[110] Thommes (2006), S. 46.
[111] Vgl. Dannenberg/ Wildschütz (2006), S. 35.

auf weiteren Webseiten des Netzwerks Werbemittel desselben Produktes angezeigt, um sie in einem zweiten Anlauf zu Käufern zu machen.[112]

Ein besonderer Vorteil dieser Form des soziodemographischen Targetings besteht darin, dass Online-Werbung nicht nur an den richtigen Nutzer ausgeliefert werden kann, sondern, dass der Inhalt der Werbemittel sich an der vergangenen Interaktion zwischen Webseite und Kaufinteressenten orientiert.

So besteht die Möglichkeit, dem Nutzer, der sich auf der Webseite eines Autoherstellers ein Fahrzeug konfiguriert hat, im Nachhinein Werbemittel mit exakt diesem Fahrzeug als Motiv, also in gleicher Farbe und Ausstattung, auszuliefern.

3.3 Chancen und Risiken personalisierter Werbung

Chancen und Risiken personalisierter Online-Werbung sollen aus der Sicht von Werbungtreibenden und von Konsumenten auf der Basis von evaluativen Fallstudien und wissenschaftlichen Erhebungen und anhand rechtlicher Rahmenbedingungen wie Persönlichkeitsrechte und Datenschutz verdeutlicht werden.

3.3.1 Aus Sicht der Werbungtreibenden

Dass klassische Online-Werbekampagnen bei der Erfüllung klassischer und onlinespezifischer Werbeziele wesentlich erfolgreicher sind, wenn diese zusätzlich mit einem soziodemographischen Targeting versehen sind, ist anhand mehrerer Fallstudien des Unternehmens nugg.ad, welches Europas größte Targeting-Plattform betreibt und Werbungtreibenden diverse Zielgruppensegmentierungen zur Verfügung stellt, gut nachvollziehbar.

So buchte der französische Automobilhersteller Renault eine dreiwöchige personalisierte Online-Kampagne auf dem Netzwerk des polnischen Vermarkters behavia. Auf mögliche Serviceleistungen am Auto sollten nur Renault-Fahrer aufmerksam gemacht werden. Um einen Effizienzvergleich der Kampagne zu ermöglichen, wurde im selben Zeitraum und mit selben Volumen eine Online-Kampagne ohne Einsatz von Targeting im selben Netzwerk geschaltet. Die

---

[112] Vgl. Mühling (2009), S. 80 f.

Klickrate des personalisierten Werbemittels lag nach Kampagnenende um 218 Prozent höher als bei der Vergleichskampagne ohne Targeting.[113] Die Kampagnenwirkung hat sich also durch den Einsatz von personalisierter Online-Werbung mehr als verdoppelt.

Ein Einsatz von Targeting in klassischen Online-Werbekampagnen hat als Resultat nicht nur einen vorteilhaften Einfluss auf die Klickraten eingesetzter Werbemittel, sondern beeinflusst sogar die Konversionsrate eindeutig Erfolg versprechend, die über die Umwandlung eines Kaufinteressenten, der auf das Werbemittel klickt, in einen Käufer Auskunft gibt.

Dementsprechend beabsichtigte der deutschte Online-Reiseanbieter ab-in-den-urlaub.de den Abverkauf von Reisen unter Zuhilfenahme von personalisierter Online-Werbung stark zu steigern. In einem Kampagnenzeitraum von einem Monat wurden durch die Anwendung von personalisierter Online-Werbung neun Reisebuchungen abgeschlossen, im Gegensatz zu nicht einer getätigten Reisebuchung durch die entsprechende Vergleichskampagne ohne Personalisierung.[114]

Eine weitere durchgeführte Fallstudie, in der der Fernsehsender National Geographic in Norwegen den Bekanntheitsgrad seines eigenen Dokumentationsformates Earth Investgated erhöhen möchte, kommt zu dem Ergebnis, dass durch Anwendung von personalisierter Online-Werbung der Kostenfaktor auf Seiten Werbungtreibender für klassische Online-Werbung durch eine Reduzierung der Summe an Werbeschaltungen sinkt.

So ist im direkten Vergleich mit einer analogen Online-Kampagne ohne den Einsatz von Targeting der gewünschte Zielgruppenanteil durch Minimierung des Streuverlustes um 60 Prozent erhöht worden und im daraus folgenden Umkehrschluss der Kostenaufwand um 38 Prozent auf einen Zielgruppen TKP von 27 Euro gesunken.[115]

Auch klassische Werbeziele, wie die Herstellung und Erhöhung der Kaufabsicht oder der Steigerung der Markenbekanntheit, profitieren entschieden von soziodemographischem und psychographischem Targeting.

---

[113] Vgl. nugg.ad (2011a), S. 1.
[114] Vgl. nugg.ad (2009), S. 1.
[115] Vgl. nugg.ad (2010), S. 1.

Auf diese Art und Weise verwirklichte das multinationale Unternehmen Kodak mit einem Kampagnenvolumen von 4,5 Mio. Werbeeinblendungen des Werbemittels Wallpapers innerhalb eines sechswöchigen Zeitraumes im OMS-Gesamtportfolio, welches zum Beispiel auch Berlin.de umfasst, eine festgestellte Erhöhung der Kaufbereitschaft für einen bestimmten Drucker um 20 Prozent, im Unterschied zu herkömmlichen Online-Werbekampagnen.[116]

Christina Herzog, Direktorin Marketing der Chevrolet Deutschland GmbH, lobt die Online-Kampagnenergebnisse mit Personalisierung, sodass „ein Brand Awareness Uplift von +50% auf mobile.de für unser Modell Orlando [...] eine deutliche und empirische Sprache"[117] spricht.

Es kann festgehalten werden, dass Online-Werbung im Zusammenspiel mit zielgruppengenauen PBT-Lösungen zu einer Reduzierung von Streuverlusten beiträgt und die Werbewirkung verschiedenster Kriterien wirksam steigert.

3.3.2 Aus Sicht der Konsumenten

Welche Wirkungen personalisierte Online-Werbung auf Seiten der Nutzer auslösen kann und inwiefern ein Verlust von Privatsphäre für die Nutzer entstehen kann, soll in diesem Unterabschnitt aufgezeigt werden.

Fakt ist, dass personalisierte Online-Werbung von den Empfängern auch als solche identifiziert wird.

Dies geht aus den Ergebnissen der 29. WWW-Benutzer-Analyse W3B aus dem Jahr 2009 hervor. Laut dieser gaben 52 Prozent der insgesamt 120.000 befragten deutschsprachigen Nutzer an, dass sie mindestens einmal pro Woche personalisierte Online-Werbung bewusst bemerken und weitere 16 Prozent der selben Grundgesamtheit diese Erfahrungen über ein längeres Zeitintervall bestätigen können.[118] Somit wird personalisierte Online-Werbung von zwei Drittel der Studienteilnehmer aktiv wahrgenommen.

---

[116] Vgl. nugg.ad (2011b), S. 1 f.
[117] nugg.ad (2011c), S. 1 f.
[118] Vgl. Fittkau & Maaß (Stand 22.10.2012).

Auch der Wirkungsgrad personalisierter Werbung im WWW auf die Rezipienten kann Werbungtreibenden im Vergleich zu Werbekampagnen ohne Personalisierung (siehe 2.3) leichten Anlass zu Optimismus geben.

Immerhin rund 14 Prozent der Nutzer empfinden Online-Werbung, die explizit individuelle Affinitäten und Interessen berücksichtigt, als angenehm und sehen diese Art der Online-Werbung als grundsätzlich sinnvolle Werbeform an, da sie durch personalisierte Online-Werbung auf Produkte aufmerksam geworden sind , die wirklich im Fokus ihres Interesses stehen.[119]

Jedoch begegnet der Großteil der Nutzer personalisierter Online-Werbung mit deutlicher Ablehnung, die sogar in Reaktanz gipfeln kann.

So verweigert sich jeder zweite Nutzer diesem Werbemodell und hat eine negative Einstellung dazu. Lediglich knapp sechs Prozent geben sich als Befürworter aus.[120]

Ein Grund dieser ablehnenden Einstellung des Großteils der Nutzer resultiert aus datenschutzrechtlichen Bedenken. Über 50 Prozent der Nutzer fürchten als Folge der personalisierten Online-Werbung eine Missachtung des Datenschutzes und fühlen sich überdies geradezu beobachtet.[121]

Aus diesem Grund verfügen immer mehr Webbrowser, wie Firefox, Internet Explorer, Safari und Opera seit Ende 2010 über eine Schutzfunktion für ihre Anwender.

Durch diese, als "Do Not Track" bezeichnete Schutzfunktion, wird Webseiten signalisiert, auf freiwilliger Basis nicht das Surfverhalten der Nutzer aufzuzeichnen und dieses nicht personenbezogen auszuwerten, einzusetzen oder anderweitig zu verwenden.[122]

Eine Untersuchung aus dem Jahr 2010 konkretisiert diese Angabe und kommt zu dem Ergebnis, dass in Deutschland circa 12,65% aller Werbeeinblendungen mithilfe von Werbeblockern verhindert werden. Darüber hinaus unterbinden die Werbeblocker bei Aktivierung auch das Sammeln von diversen Nutzerdaten

---

[119] Vgl. ebenda.
[120] Vgl. ebenda.
[121] Vgl. ebenda.
[122] Vgl. Braun (Stand 22.10.2012).

durch Werbungtreibende. Damit entwickelt sich der Einsatz von Werbeblockern mehr und mehr zu einer Bedrohung der klassischen Online-Werbung.[123]

Entsprechend kann auch eine Zunahme des Einsatzes von Werbeblockern unter den Nutzern im WWW registriert werden. So wurde allein der beliebteste Werbeblocker Adblock Plus am 19. Oktober 2012 durchschnittlich von über 3,1 Millionen deutschsprachige Nutzern eingesetzt.[124]

Zusammenfassend kann festgestellt werden, dass personalisierte Online-Werbung bei zwei Dritteln der Nutzer in das Bewusstsein dringt, allerdings unter einer Mehrheit der Nutzer ein stark ausgeprägtes Akzeptanzproblem im Zusammenhang mit datenschutzrechtlichen Bedenken ausgemacht werden kann.

3.3.3 Rechtliche Rahmenbedingungen

„Umgeben von Computern, die ans Netz angeschlossen sind, können wir jetzt als Angestellte, Bürger und Konsumenten nicht nur an einer bislang unvorstellbaren globalen Öffentlichkeit teilnehmen, wir sind prinzipiell auch immer besser zu jeder Zeit und an jedem Ort überwachbar"[125].

Kaum eine Thematik rückt auf politischer und gesellschaftlicher Ebene seit längerer Zeit so vehement in den Vordergrund wie der Datenschutz.

Offline oder online, im Verhältnis von Bürgern zum Staat oder Bürgern zu der privaten Wirtschaft. Datenabfrage zum Zwecke der Strafverfolgung oder mit kommerziellem Hintergrund.

Das Recht des Bürgers auf einen angemessenen Schutz seiner personenbezogenen Daten steht in der gesamten Bandbreite sowohl europäisch, in Brüssel, als auch auf nationaler Ebene ganz oben auf den politischen Tagesordnungen.

---

[123] Vgl. Faida (Stand 22.10.2012).
[124] Vgl. Mozilla Corporation (Stand 22.10.2012).

[125] Zurstiege/ Schmidt (2001), S. 58.

Einen Teilbereich bildet der Datenschutz im WWW, der auf Grund der rasanten technischen Entwicklung mit besonderen Herausforderungen verbunden ist, denen sich Politik und Werbungtreibende gleichermaßen stellen müssen.

Dabei wurden Online-Angebote von 1997 bis 2007 grundsätzlich zwischen Telediensten, nach dem Teledienstegesetz (TDG) und Mediendiensten, nach dem Staatsvertrag über Mediendienste (MDStV) unterschieden. Mit der zunehmenden Medienkonvergenz führte die Einteilung, in Tele- und Mediendienste, aber zu Schwierigkeiten. Im Jahr 2007 wurden diese Dienste daher, im Regelwerk des Telemediengesetzes (TMG), zu den Telemedien zusammengefasst.

Im Rahmen des Telemediengesetzes sind die Dienstanbieter verpflichtet, „den Nutzer zu Beginn des Nutzungsvorgangs über Art, Umfang und Zwecke der Erhebung und Verwendung personenbezogener Daten sowie über die Verarbeitung seiner Daten in Staaten außerhalb des Anwendungsbereichs der Richtlinie 95/46/EG des Europäischen Parlaments und des Rates vom 24. Oktober 1995 zum Schutz natürlicher Personen bei der Verarbeitung personenbezogener Daten und zum freien Datenverkehr (ABl. EG Nr. L 281 S. 31) in allgemein verständlicher Form zu unterrichten, sofern eine solche Unterrichtung nicht bereits erfolgt ist. Bei einem automatisierten Verfahren, das eine spätere Identifizierung des Nutzers ermöglicht und eine Erhebung oder Verwendung personenbezogener Daten vorbereitet, ist der Nutzer zu Beginn dieses Verfahrens zu unterrichten. Der Inhalt der Unterrichtung muss für den Nutzer jederzeit abrufbar sein"[126].

Bei einer Anpassung von Online-Werbung auf individuelle Konsumentenbedürfnisse, im Verständnis personalisierter Werbestrategien, ist die Integration von personenbezogenen Daten jedoch zwingend erforderlich.
Laut dem Datenschutzberater Christoph Bauer handelt es sich bei personenbezogenen Daten um „Einzelangaben über persönliche oder sachliche Verhältnisse einer bestimmten oder bestimmbaren natürlichen Person, also Daten, über die eine konkrete natürliche Person identifiziert werden kann"[127].

---

[126] Siehe § 13 Abs. 1 TMG.
[127] Bauer (Stand 22.10.2012).

Die Sammlung von personenbezogenen Daten mit einem anschließenden Aufbau von Nutzerprofilen mit dem Ziel einer möglichst effizienten personalisierten Werbeansprache weicht in vielen Fällen von vorgegebenen rechtlichen Bestimmungen ab.[128]

Darüber hinaus ist der Umgang mit persönlichen Daten bei vielen Werbungtreibenden oft fahrlässig und der Datenschutz wird nicht besonders ernst genommen. „Kommt es durch Sicherheitslücken einmal zu Missbräuchen, so ist eine Vertrauenskrise der Kunden gegenüber dem Anbieter absehbar – möglicherweise mit schwerwiegenden Folgen für ihn oder sogar die gesamte Branche"[129].

Geltendes Datenschutzrecht bestimmt zwar ein Verbot über die Verarbeitung personenbezogener Daten.[130] Jedoch ermöglichen es so genannte Erlaubnistatbestände den Werbungtreibenden personenbezogene Daten für Werbezwecke auszuwerten und anschließend zu nutzen, wenn diese allgemein und frei zugänglich sind, im Rahmen von Vertragsbeziehungen und vertragsähnlichen Vertrauensverhältnissen erhoben werden, ein berechtigtes Interesse an ihrer Kenntnis glaubhaft dargelegt wird oder die Einwilligung des Betroffenen vorliegt.[131] Werbungtreibende sind jedoch zu einer Anonymisierung der personenbezogenen Daten vor Weitergabe an Dritte verpflichtet.[132]
Auch wenn die Datenschutzgesetzgebung der Erhebung, Auswertung und Übermittlung von Kundendaten Grenzen setzt, ist es anspruchsvoll und aufwändig, deren Einhaltung zu kontrollieren.[133]

„Die Leichtigkeit der persönlichen Kontaktaufnahme und der Interaktion im Internet suggeriert dem Nutzer die Flüchtigkeit des Gesprächs und führt psychologisch zu einer eklatanten Unterschätzung der Risiken, die sich durch die hinterlassenen Daten ergeben. Zusätzlich verdeckt die in alltäglichen Kommunikationssituationen gemachte Erfahrung, dass der Empfänger einer Information meistens aktiv adressiert werden muss, den irritierenden Umstand,

---

[128] Vgl. Eckhardt (2000), S. 3.
[129] Ebenda.
[130] Siehe § 4 Abs. 1 BDSG.
[131] Siehe § 28 Abs. 1 Satz 1-3 BDSG.
[132] Siehe § 15 Abs. 5 TMG.
[133] Vgl. Eckhardt (2000), S. 3.

dass im Internet die Verbreitung einer Information nicht durch die Anbieter sondern die Nachfrager bestimmt wird. Für eine realistische Abschätzung der Auswirkungen von Kommunikation in Netzwerken fehlt den Menschen aus psychologischer Perspektive einfach jede Intuition"[134].

Nach dem Willen der EU sollen jedoch die meisten der bestehenden Handlungsspielräume beim Umgang mit personenbezogenen Daten eingeschränkt werden, wodurch unter anderen auch personalisierte Online-Werbung als werbewirtschaftliches Geschäftsmodell künftig verboten und somit in der Praxis kaum mehr realisierbar wäre.[135]

Um die Rechte von Privatpersonen sichtlich zu stärken, wurde die 2009 beschlossene Gesetzesänderung zur E-Privacy-Richtline auf EU-Ebene im Februar 2012 vom Bundestag in bundesdeutsches Recht umgesetzt, jedoch ist diese Gesetzesänderung trotz Androhung von Sanktionen seitens der EU bis jetzt nicht in Kraft getreten.[136] Zwei erwähnenswerte Kernpunkte dieser Novelle sind unter anderen der Schutz von Privatpersonen vor unerwünschten Cookies, die bei der Anwendung von personalisierter Online-Werbung eine wichtige Grundlage bilden.[137]

Ein weiterer und grundlegender Ansatz für eine europaweite Datenschutz-Richtlinie, wurde der Öffentlichkeit im Januar 2012 unter Leitung der Kommissionsvizepräsidentin Viviane Reding vorgestellt.
Dieser strebt an, einer durch technischen Fortschritt und Globalisierung veränderten Datenverarbeitung Rechnung zu tragen, was auch zu einer umfassenden Neuregelung der Verarbeitung personenbezogener Daten durch Werbungtreibende führen würde.[138]
Bei Inkrafttreten würden zudem das in Deutschland seit den 70er Jahren geltende und mehrfach angepasste Bundesdatenschutzgesetz (BDSG) sowie weitere datenschutzrechtliche Richtlinien (z.B. Telemediengesetz) abgelöst.

---

[134] Kruse (2010), S. 1 ff.
[135] Vgl. ZAW (2012), S. 136.

[136] Vgl. Bauer (Stand 22.10.2012).
[137] Vgl. ABI (2002), S. 44.
[138] Vgl. KOM (2012), S. 1 ff.

Aktuell wird der Kommissionsentwurf intensiv durch das Europaparlament, den EU-Ministerrat und die Mitgliedsstaaten geprüft. Mit dem Wirksamwerden, inklusive einer gesetzlichen Übergangsphase, ist jedoch nicht vor dem Jahr 2016 zu rechnen.

Dem Nutzer verbleibt bis zu dieser Neuregelung nur ein Minimum an Kontrolle über seine persönlichen Daten.

Es besteht für diesen aktuell nur die Möglichkeit, ein Auskunftsersuchen an einzelne Werbungtreibende zu richten. „Dem Betroffenen ist auf Antrag Auskunft zu erteilen über die zu seiner Person gespeicherten Daten, auch soweit sie sich auf die Herkunft dieser Daten beziehen, die Empfänger oder Kategorien von Empfängern, an die die Daten weitergegeben werden, und den Zweck der Speicherung"[139].

Darüber hinaus kann der Nutzer in konkreten Fällen bei Werbungtreibenden falsche personenbezogene Daten berichtigen lassen, die Übermittlung persönlicher Daten an Dritte untersagen und eine Sperrung oder sogar Löschung der Daten verlangen.[140] Als letztes Mittel obliegt dem Nutzer ein Beschwerderecht bei der zuständigen Aufsichtsbehörde für den Datenschutz.

Zusammenfassend kann festgestellt werden, dass ohne begleitende Gesetze und bei einer weiteren Zunahme personalisierter Online-Werbekampagnen, auf Dauer der gläserne Konsument im Web 2.0 entsteht.

„Die Kehrseite der Offenheit und Zugänglichkeit von Informationen im Netz ist das Schwinden der Privatsphäre. Potenziell kann alles, was man in einem Netzwerk macht, verfolgt, aufgezeichnet und mit anderen Daten kombiniert werden, wird jeder Mensch zu einer öffentlichen Person"[141].

---

[139] § 19 Abs. 1 Satz 1-3 BDSG.
[140] Siehe § 35 Abs. 1-2 BDSG.
[141] Rötzer (2001), S. 63.

4. Bewertung personalisierter Online-Werbung

In folgendem Abschnitt soll die der Arbeit zugrundeliegende Forschungsfrage „Wie ist das Verhältnis von Chancen und Risiken personalisierter Werbung im Web 2.0 zu bewerten?" unter Berücksichtigung bisheriger Darlegungen und Erkenntnisse methodisch beantwortet werden.

Mit Hilfe der Durchführung einer SWOT-Analyse erfolgt dabei eine Identifizierung von zentralen Stärken, Schwächen, Risiken und Chancen personalisierter Online-Werbung im Web 2.0.

Auf Grundlage der Erkenntnisse der SWOT-Analyse wird eine Handlungsempfehlung entwickelt. Diese und ein vorgenommener Ausblick sollen eine konkrete Einschätzung darüber ermöglichen, unter welchen Bedingungen personalisierte Online-Werbung zukünftig überhaupt einsetzbar ist und welches Potenzial durch technischen Fortschritt zusätzlich erschlossen werden kann.

4.1 SWOT-Analyse

Um eine grundsätzliche Bewertung personalisierter Online-Werbung vorzunehmen, wurde es als notwendig erachtet, zum einen anhand von Werbezielen, wie dem Aufzeigen aktueller Klickraten sowie zum anderen anhand von Akzeptanzwerten von klassischer Online-Werbung zunächst eine Kenntnisgrundlage der Thematik zu schaffen.

Dabei kann festgestellt werden, dass eine stetig sinkende Klickrate bei klassischen Online-Werbemitteln, unter anderem auf Grund eines kontinuierlichen Anstiegs des Werbevolumens und eines sich allgemein abschwächendem Nutzerinteresse gegenüber dem neuen Medium WWW, sowie die Spezifika des Mediums selbst (Rückkanalfähigkeit) und der Interessen von Werbungtreibenden zu einem Fortentwicklungsprozess klassischer Online-Werbung führten.

Das Marketinginstrument der personalisierten Online-Werbung nahm unter den dargestellten Voraussetzungen seit spätestens Ende der 90er Jahre Gestalt an und konnte fortan von Werbungtreibenden als Instrument für eine zielgruppengenaue Nutzeransprache eingesetzt werden.

4.1.1 Stärken

Bestätigt durch Fallstudien des Unternehmens nugg.ad AG (siehe 3.3.1), kann durch den Einsatz personalisierter Online-Werbung, im direkten Vergleich mit identischen Kampagnen unpersonalisierter Online-Werbung, eine Reduzierung der Kosten durch Begrenzung von Streuverlusten sowie eine Erhöhung der Werbewirkung in Form der Klickrate, des direkten Abverkaufes, der Kaufabsichten sowie der Markenbekanntheit als Stärke konstatiert werden. Personalisierte Online-Werbung ist gemessen an diesen Werten damit deutlich effektiver. Zudem ist anzunehmen, dass bei personalisierter Online-Werbung durch Fokussierung auf ausgewählte Affinitäten und Interessen der Nutzer auch die Kontaktqualität steigt.

Darüber hinaus wird durch personalisierte Online-Werbung eines der größten Hindernisse von Werbungtreibenden, das in der Identifizierung und der Erreichbarkeit passender Zielgruppensegmente und passender Zielgruppen lag, gelöst, da sich die Nutzer durch ihr Online-Verhaltensmuster permanent immer wieder selbst in diese einordnen (siehe 3.1.2 und 3.1.3). Dadurch können Werbungtreibende so effektiv wie noch nie zu gewünschten Zielgruppen vordringen und Werbekampagnen in Echtzeit optimieren und anpassen.

Personalisierte Online-Werbung stellt für Werbungtreibende eine Win-Win-Situation dar. Zielgruppengenaue Kampagnen erzeugen einerseits eine höhere Aufmerksamkeit, sowie andererseits eine Erhöhung der Effektivität. Eine weitere festgestellte Stärke personalisierter Online-Werbung liegt in der verstärkten Wahrnehmung durch die Nutzer, auf Grund dessen sie zwei Dritteln der Nutzer in das Bewusstsein dringt (siehe 3.3.2).

4.1.2 Schwächen

Das Hauptproblem bei der Anwendung von personalisierter Online-Werbung liegt in einer Herstellung großer Werbereichweiten und dem Erreichen einer breiten Zielgruppe. Durch ein begrenztes Webseiten-Portfolio und zu eng gesetzte Filter und Kriterien kann die ökonomische Verwertbarkeit durch eine zu geringe Konsumentengruppengröße leiden und möglicherweise eine notwendige kritische Masse nicht erreicht werden.

Für einen Einsatz von personalisierter Online-Werbung wird zudem eine große Menge an Daten sowie eine anspruchsvolle Technik benötigt (siehe 3.1.2 und 3.1.3). Personalisierte Online-Werbung kann also nur so gut sein wie die verwendeten Daten und Techniken und führt aus diesem Grund momentan noch zu Qualitätsschwankungen.

In Anbetracht dessen, dass sich die personalisierte Online-Werbung noch in der anfänglichen Entwicklungsphase befindet, fehlen aktuell noch Standards und Transparenz über die Möglichkeiten und Technologien in der Branche. Werbungtreibende haben keine realistische Möglichkeit Anbieter von personalisierter Online-Werbung und deren Optionen zu vergleichen um sich für die beste Möglichkeit zu entscheiden.[142]

Aus diesem Grund wird der Erfolg von personalisierter Online-Werbung teilweise in Frage gestellt, da zugrunde liegende Annahmen nicht transparent sind. Es fehlen einheitliche Parameter.

Auch die höheren Kosten für eine personalisierte Online-Werbekampagne im Vergleich zu einer normalen Online-Werbekampagne befördern vor diesem nicht transparenten Hintergrund nicht deren Einsatz durch Werbungtreibende.

Ein technologisches Problem von personalisierter Online-Werbung liegt in der Verweigerungsmöglichkeit von Cookies durch den Nutzer (siehe 3.1.3.2). Des Weiteren existieren weitere Umstände, in denen personalisierte Online-Werbung nicht effektiv ist.

Hier ist beispielsweise auf die Nutzung mehrerer Computer durch einen Nutzer beziehungsweise auf die Nutzung eines Computers durch mehrere Familienmitglieder zu verweisen (siehe 3.2.2).

Zusätzlich erkennt auch personalisierte Online-Werbung noch nicht, ob der Nutzer das WWW beruflich oder privat nutzt, dieser Umstand aber zusätzlich mitbestimmend ist, ob und welche personalisierte Werbung noch relevanter für ihn sein könnte (siehe 2.3).

---

[142] Vgl. ZAW (2012), S. 337.

Zusammenfassend gibt es immer noch einen Mangel an Nachweisen über Auswirkungen, Erfolgskontrolle und unabhängige wissenschaftliche Studien, um harte Beweise für die Effizienz von personalisierter Online-Werbung anzuführen.

4.1.3 Chancen

Personalisierte Online-Werbung hat einige Möglichkeiten das Wachstumspotenzial fortzuschreiben.

Insbesondere im Hinblick auf die Verwendung gewaltiger Datenmengen und der effizienten Zielgruppenansprache wurden deutliche Fortschritte erzielt.
Wichtige WWW-Größen wie Google, Microsoft oder Yahoo! investieren große Summen, um ihre Werbenetzwerke entwickeln zu können und Mängel ihrer Datenbestände bezüglich Qualität und Menge auszugleichen.
Dies wird auch das Problem der beschränkten Reichweite lösen (siehe 4.1.2).

Ein weiterer Schlüsselpunkt für Chancen personalisierter Werbung wird derzeit durch die Entwicklungsgeschwindigkeit und Innovationskraft digitaler Medien selbst stark befördert. Unter Hinzunahme von neuen Targeting-Kriterien und - Techniken (Social-Media-Targeting) und der Erweiterbarkeit sowie Übertragbarkeit des Grundprinzips von personalisierter Werbung lässt sich diese auch auf weitere digitale Medien übertragen. Von dieser Entwicklung profitieren insbesondere die sozialen Netzwerke, das digitale Fernsehen, die Mobilen Dienste sowie das In-Game-Advertising.

Wenn sich darüber hinaus personalisierte Online-Werbung auf der Basis eines funktionierenden Dialogs zwischen Konsumenten und Werbungtreibenden etabliert und der Konsument eigene Vorteile damit verbindet, scheint eine Fortführung des Erfolges von personalisierter Online-Werbung als gesichert (siehe 4.2).

4.1.4 Risiken

Es existieren einige Risiken, die das Wachstumspotential von personalisierter Online-Werbung mindern oder sogar ganz stoppen könnten.

So ist ein Grund, der viele Werbungtreibende davon abhält personalisierte Online-Werbung einzusetzen, mit dem Bedenken über das Eindringen in die Privatsphäre der Konsumenten verknüpft.

Diese Einschätzung ist zum einen ein Resultat aus aktuellen datenschutzrechtlichen Bedenken auf EU-Ebene, wo eine Datenschutz-Richtlinie auf den Weg gebracht wurde, die bei Umsetzung den Einsatz von personalisierter Online-Werbung stark beschränken würde (siehe 3.3.3).

Zum anderen ist mit zunehmender Personalisierung der Online-Werbung ein stark ausgeprägtes Akzeptanzproblem im Zusammenhang mit datenschutzrechtlichen Bedenken auf Nutzerseite auszumachen. Oft werden Daten ohne das Wissen des Konsumenten erhoben und die vorgeschriebene Info an diesen im Vorfeld der Erhebung und Speicherung durch die Werbungtreibenden erfolgt nicht. Bereits erzielte erfolgversprechende Ansätze, wie die Erhöhung des Wirkungsgrades personalisierter Online-Werbung können dadurch schlagartig konterkariert werden und müssen folglich als Risiko eingeschätzt werden (siehe 3.3.2).

Auch der sich verschärfende Einsatz von Werbeblockern, befördert durch steigenden Bekanntheitsgrad und zunehmender Sorge der Nutzer bezüglich des Verlustes ihrer Privatsphäre, führt auf Dauer zu Umsatzeinbußen der Werbungtreibenden (siehe 3.3.2).

4.2 Handlungsempfehlung

Werbungtreibende nehmen durchaus wahr, dass mit zunehmender Personalisierung der Online-Werbung, also immer größeren Datenmengen, ein Verlust der Privatsphäre der Nutzer des WWW einhergeht.

Jean-Remy von Matt, einer der Mitbegründer der Hamburger Werbeagentur Jung von Matt, merkt dazu an, dass Werbungtreibende sich schwer tun, „[...] den aktiven Mediennutzer zu erreichen, weil der etwa in seiner Community Markenbotschaften als Hausfriedensbruch empfindet."[143]

---

[143] Matt (Stand 21.10.2012).

Denn „sobald das Wissen und Verständnis hinsichtlich der Wahlmöglichkeiten im Netz wachsen, fallen auch die Verbrauchermeinungen über den Nutzen neuer Technologien wie etwa Targeting positiver aus"[144].

Das Thema Datenschutz gehört somit bedingungslos auf die Agenda von Werbungtreibenden und bildet auch den Schwerpunkt der Handlungsempfehlung, um Nutzermisstrauen in Zukunft systematisch aktiv vorzubeugen und personalisierter Online-Werbung zu einem fortlaufenden Erfolgsmodell zu verhelfen.

Selbstverständlich ist, dass richtungweisende Persönlichkeitsrechte und Datenschutzrichtlinien das allgemeine Nutzervertrauen in das Medium deutlich kräftigen und das Geschäft mit dem Datenhandel ohne Einwilligung des jeweiligen Nutzers verhindern würden.

Eine davon deutlich abgeschwächte, aber werbewirtschaftsfreundlichere Form stellt die Idee einer Selbstregulierung durch Werbungtreibende mit branchenübergreifenden Selbstverpflichtungen und Selbstkontrollmechanismen dar, die auch bereits partiell Anwendung finden und darüber hinaus bei der amtierenden Bundesregierung auf Zuspruch stoßen.[145]

Den Nutzern müsste auf Grund der Selbstregulierungsabsicht der Werbungtreibenden unbedingt mitgeteilt werden, welche Daten wie gesammelt werden dürfen, wer Zugriff auf die persönlichen Daten hat und wie diese weiter verwendet oder verarbeitet werden. Zudem müsste der Nutzer das Recht auf eine Einsichtnahme in ein neu zu schaffendes "zentrales" Datenprofil-Register haben und berechtigt sein, dieses auch löschen zu lassen.

Als Beispiel einer teilweise umgesetzten Selbstregulierung kann das Unternehmen nugg.ad dienen, das von einer Aufzeichnung der IP-Adressen von Nutzern, die zum Beispiel den Nutzerstandort offenlegen könnten, komplett absieht. Zudem hat sich das Unternehmen dem Gütesiegel EuroPriSe angeschlossen, womit eine Minimierung der erfassten Nutzerdaten und eine umfassende Nutzertransparenz gewährleistet werden sollen. Nutzer erhalten

---

[144] Mattgey (Stand 21.10.2012).
[145] Vgl. BT (2011), S. 1 ff.

unter diesen Vorraussetzungen eine Anleitung für zu treffende Schutzmaßnahmen gegen eine ungewollte Segmentierung in Zielgruppen oder können sogar mit Hilfe einer technischen Anwendung Einsicht in bisher schon vorgenommene Zielgruppensegmentierungen vornehmen.[146]

Darüber hinaus können Nutzer selbständig über den Erhalt von personalisierter Online-Werbung in dem Werbenetzwerk von nugg.ad entscheiden.[147] Per „Opt-In" Funktion stimmen die Nutzer personalisierter Online-Werbung zu und erhalten für den Zeitraum von einem Jahr einen speziellen Cookie, der die Nutzerinteressen und Nutzeraffinitäten für diese Dauer aufzeichnet und diesen Nutzer für nugg.ad verwertbar macht (siehe Abbildung 3). Durch den persönlichen Bezug der Online-Werbemittel zu den Affinitäten und Interessen des einzelnen Nutzers ist dieser den vermittelten Werbebotschaften gegenüber aufgeschlossener.

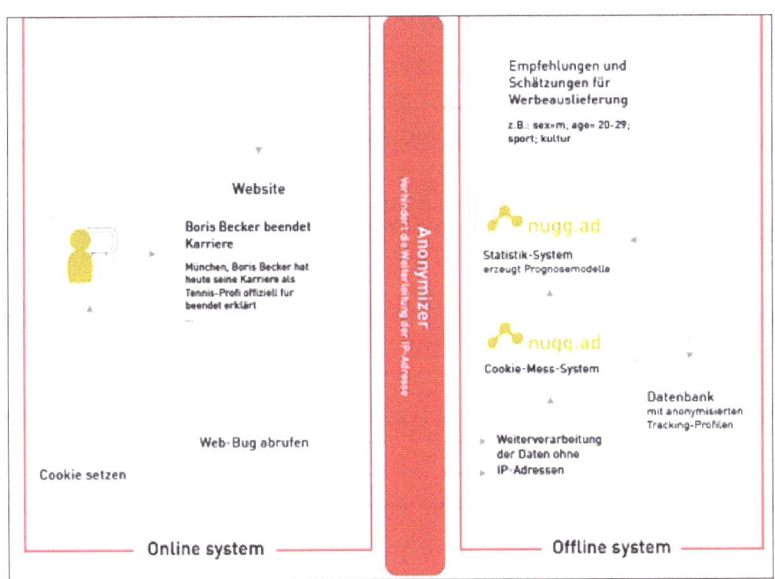

Quelle: nugg.ad (Stand 27.10.2012).

Abb. 3: Schematische Darstellung des nugg.ad-Systems

---

[146] Vgl. nugg.ad (Stand 17.10.2012).
[147] Vgl. nugg.ad (Stand 25.10.2012).

Per „Opt-out" Funktion entsagen die Nutzer hingegen dem Einsatz von personalisierter Online-Werbung des Werbenetzwerkes von nugg.ad für die Dauer von zehn Jahren.

Dass dieses Verfahren technisch noch in der Anfangsphase steckt, zeigt die Tatsache, dass eine nutzerseitig getroffene „Opt-out" Entscheidung durch nugg.ad nicht mehr registriert werden kann, sobald sämtliche Cookies im Browser durch den Nutzer gelöscht worden sind. Letztendlich müsste der beschriebene Nutzer den Ablehnungsvorgang neu vornehmen, um einer Zielgruppensegmentierung und der darauf basierenden personalisierten Online-Werbung zu entgehen.

Des Weiteren wäre die Schaffung einer zentralen Anlaufstelle für eine werbenetzwerkübergreifende Zustimmung oder Ablehnung von personalisierter Online-Werbung durch den Nutzer empfehlenswert. Momentan muss der Nutzer bei jedem Werbenetzwerk den Vorgang einzeln wiederholen. Der Leiter der Unit Targeting des BVDW, Heimann, merkt dazu ergänzend an: „Eine Inflation an Einwilligungen würde dazu führen, dass am Ende nur die großen bekannten Unternehmen eine Chance am Markt hätten. Die mittelständische Vielfalt der digitalen Wirtschaft wäre extrem gefährdet"[148].

Zudem werden die Nutzer nur ungenügend über den Einsatz personalisierter Online-Werbung durch Werbungtreibende aufgeklärt. Personalisierte Online-Werbemittel sind momentan, wenn überhaupt, nur durch ein kleines "x" in der oberen rechten Ecke oder andere kleine Buttons gekennzeichnet, bei dem der Nutzer nach Klick meistens zu den allgemeinen Datenschutzrichtlinien des ausliefernden Werbenetzwerkes gelangt.[149]

Es ist zu vermuten, dass ein Großteil der Nutzer auf Grund fehlender Informationen und Transparenz die Auswirkungen personalisierter Online-Werbung nur mangelhaft beurteilen kann.

Ein aufmerksamkeitsstarker Button, der die Nutzer beim ersten Aufruf einer neuen Seite informiert, wäre hier empfehlenswert. Die nutzerfreundlichste Lösung wäre jedoch eindeutig eine Implementierung solcher Zustimmungs- oder Ablehnungsklauseln in den jeweiligen Browsereinstellungen der Nutzer.

---

[148] Zunke (Stand 22.10.2012).
[149] Siehe Anhang, IV, S. 75, Abb. IV.

Die Studienreihe "how digital transformation is shaping the entertainment and media industries" von der Wirtschaftsprüfungsgesellschaft PricewaterhouseCoopers bescheinigt einem Umdenken in der Gewinnung von Nutzerdaten durch Werbungtreibende einen Erfolg und empfiehlt diesen eine Hinwendung zu mehr Transparenz und einer aktiveren Nutzereinbindung.

Von 1.002 befragten Studienteilnehmern willigten immerhin 73 Prozent ein, persönliche Daten gegen einen gewährten Vorteil (Rabatte, Coupons u.v.m.) Werbungtreibenden zur Verfügung zu stellen (siehe Abbildung 4).[150]

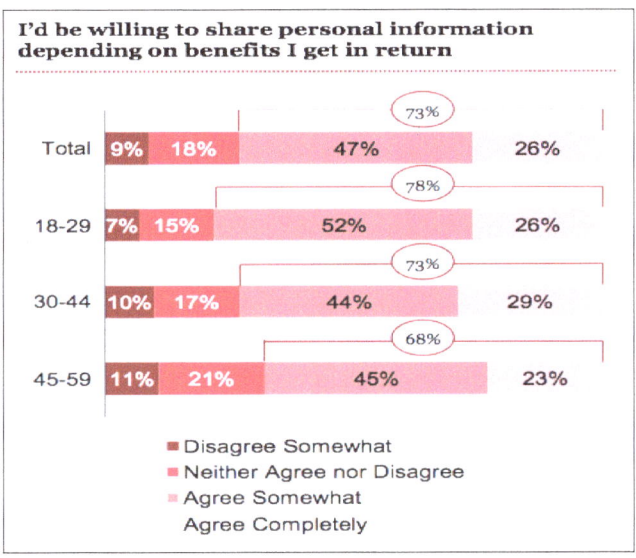

Quelle: PwC (2012), S. 2.

Abb. 4: Consumers' attitudes towards sharing personal information

Sogar 80 Prozent der Teilnehmer würden ihre persönlichen Daten einem Werbungtreibenden übermitteln, der im Vorfeld um ihr Einverständnis bittet (siehe Abbildung 5).[151]

---

[150] Vgl. PwC (2012), S. 2.
[151] Vgl. PwC (2012), S. 5.

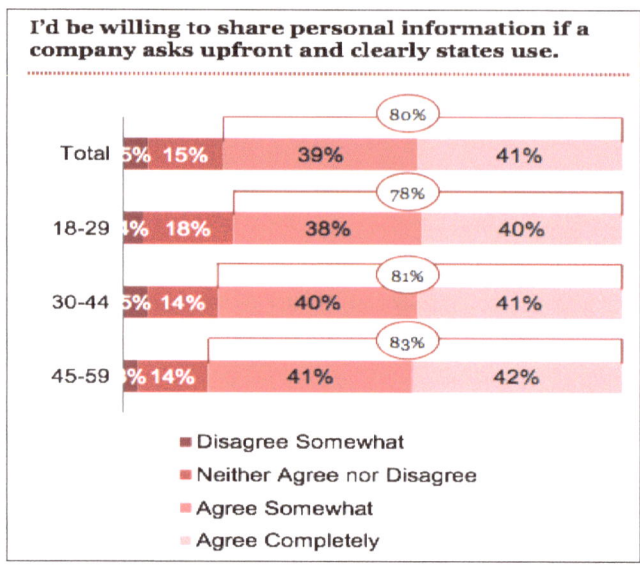

Quelle: PwC (2012), S. 5.

Abb. 5: Transparency in personal information usage

Durch konsumentenfreundliches Denken und Einfühlungsvermögen gelangen Werbungtreibende somit doch an wichtige und dringend benötigte Daten für den Einsatz personalisierter Online-Werbung, jedoch ohne den „üblen" Beigeschmack des „Ausspionierens" bei den Konsumenten selbst zu hinterlassen. Das Vertrauen des Konsumenten muss bei Werbungtreibenden in den Vordergrund rücken, um Akzeptanzeinbußen zu vermeiden.

Zudem sind die freiwillig übermittelten persönlichen Nutzerdaten in der Masse viel umfangreicher und genauer, als dies durch diverse andere Möglichkeiten der Datenerhebungen realisierbar wäre. Der Nutzer wird so zum Prosument, da er nicht mehr nur konsumiert, sondern auch gleichzeitig persönliche Daten produziert.

Darüber hinaus sollten durch Werbungtreibende freiwillig nur so viele Daten gesammelt werden, um ein ausgegebenes Marketingziel zu erreichen und verwendete Daten im Anschluss auch zeitnah gelöscht werden.

Für eine weitere Verbesserung der Akzeptanz von personalisierter Online-Werbung existieren zudem einige Vorschläge von Werbeexperten, von denen zwei kurz erwähnt werden sollen.

Zum einen werden von einigen Werbespezialisten effektivere Online-Werbemittel eingefordert, die den „Charakter" des einzelnen Nutzers konkret treffen und somit der Vorschlag auf den technischen Fortschritt in diesem Bereich abzielt.[152]
Zum anderen verteidigen andere das stetig steigende Werbevolumen im WWW mitsamt aggressiveren Online-Werbemitteln (zum Beispiel Interstitials) mit der kostenlosen Nutzung der Webseiten und erwarten von den Nutzern ein gesteigertes Einfühlungsvermögen für Online-Werbung.[153]

Wenn personalisierte Online-Werbung von Anfang an als intensiver, rücksichtsvoller Dialog zwischen Werbungtreibenden und Konsumenten ausgelegt wird, entsteht für beide Seiten eine Win-Win-Situation. Individuelle Wünsche der Konsumenten finden Berücksichtigung und diese erhalten die höchstmögliche und aktive Kontrolle über ihre Daten. Werbungtreibende erhalten die Chance, die Konsumenten über den kompletten Werbekommunikationsprozess bis hin zur Kaufentscheidung zu begleiten – also die Vorzüge der personalisierten Online-Werbung uneingeschränkt nutzen zu können.

Andererseits besteht für Werbungtreibende auch kein wirklicher Ermessensspielraum mehr, außer einen grundlegenden Umdenkungsprozess in der Werbekommunikation einzuleiten.
Der mit dem Web 2.0 einhergehende Paradigmenwechsel vom Anbieter- zum Nachfragermarkt führt prinzipiell zu einer grundlegenden Neuausrichtung der Werbekommunikation und stellt bekannte Sender-Empfänger-Modelle auf den Kopf. Nicht mehr die Stärke einer Werbebotschaft (Budget und Aufmerksamkeitserzeugung durch Übernahme der Botschaft in den Massenmedien) bestimmt über Erfolg oder Misserfolg einer Online-Kampagne, sondern allein die Resonanzfähigkeit des aktiven Rezipienten. Dabei wird für die Resonanzbildung von Online-Werbung die ehemals spontan gegebene Aufmerksamkeit des Nutzers durch Nutzeranerkennung und Nutzerinteresse ersetzt.[154]

---

[152] Vgl. Michael (2011), S. 67 ff.
[153] Vgl. Dannenberg/ Wildschütz (2006), S. 35.
[154] Vgl. Kruse (2010), S. 1 ff.

4.3 Ausblick: Die Zukunft personalisierter Werbung im WWW

Vor dem Hintergrund der zunehmenden Etablierung sozialer Netzwerke, wie zum Beispiel Facebook inklusive der einhergehenden, rasanten Verbreitung und Verwendung von Smartphones als Schnittstelle zum WWW und der damit verbundenen erweiterten Datengewinnung über einzelne Nutzer entstehen momentan weitere neue Formen von Online-Targeting, da das Grundprinzip des Targetings erweiterbar ist und sich auch auf weitere digitale Medien übertragen lässt. Von dieser Entwicklung profitieren insbesondere die sozialen Netzwerke, das digitale Fernsehen, die Mobilen Dienste sowie das In-Game-Advertising.

Die Form des Social-Media-Targetings ist zum Beispiel eine Kombination aus allen existenten Online-Targeting-Formen und ermöglicht Werbungtreibenden eine noch detailliertere Zielgruppenansprache, um die wirklich konkreten Interessen des Online-Werbung affinen Einzelnutzers zu treffen.
Damit kann ab sofort personalisierte Online-Werbung sogar nach Lebenssituationen des einzelnen Nutzers ausgesteuert werden.
Als Beispiel soll der Berliner Marathon dienen, der bei Facebook als Event zu erstellen ist und an dem der einzelne Nutzer durch Bestätigung einer Eventeinladung teilnehmen kann. Folglich besteht die Möglichkeit, diesem einzelnen Nutzer Online-Werbung zum Beispiel für Laufschuhe im Vorfeld des Marathons anzuzeigen. Eine Zielgruppenselektion nach Beziehungsstatus, Arbeitgeber, Geburtstagen, Telefonnummern und benutzten Apps u.v.m. ist ebenso möglich.

Der Psychologe Kruse merkt dazu mahnend an:

„Die von den Menschen im Internet hinterlassenen Spuren bilden einen Rohstoff, der in den nächsten Jahren wohl einen Wert gewinnen wird, der selbst die im Begriff des Data-Minings angelegten Assoziationen zu Edelmetallen in den Schatten stellt"[155]. „Insbesondere, wenn sich die Möglichkeiten der Analyse der im Internet hinterlassenen Spuren tatsächlich zum nächsten Internet-Boom entwickeln sollte, ist zu hoffen, dass die Durchsetzung von Regeln und Kontrollmechanismen Schritt halten kann. Um für das aller Voraussicht nach unvermeidliche Wettrennen angemessen gerüstet zu sein, sollte darüber

[155] Kruse (2010), S. 6.

nachgedacht werden, ob die Auswirkungen des Internets auf die Innovationskraft und Organisation der Gesellschaft nicht die dauerhafte Etablierung eines unabhängigen Instituts rechtfertigt"[156].

---

[156] Kruse (2010), S. 10.

5. Schlussbetrachtung

Das Ziel der Bachelor Thesis bestand darin, die Eignung von personalisierter Online-Werbung im Web 2.0 vor dem Hintergrund der Chancen und Risiken aus der Sicht von Konsumenten und Werbungtreibenden zu untersuchen und eine konkrete Einschätzung darüber abzugeben, unter welchen Bedingungen personalisierte Online-Werbung zukünftig überhaupt einsetzbar ist und welches Potenzial durch technischen Fortschritt zusätzlich erschlossen werden kann.

Im Rahmen der Abschnitte wurde die eingangs gestellte Forschungsfrage in folgender Weise beantwortet:

Wie ist das Verhältnis von Chancen und Risiken personalisierter Werbung im Web 2.0 zu bewerten?

Das WWW bietet Werbungtreibenden vor dem Hintergrund der technischen Voraussetzungen immer vielfältigere und effizientere Möglichkeiten, Nutzerströme besser verstehen zu lernen. Produkte und Dienstleistungen können im Vergleich zu herkömmlichen Online-Werbekampagnen durch personalisierte Online-Werbung zielgruppengenauer angeboten und erfolgreicher verkauft werden. Sowohl klassische als auch onlinespezifische Werbeziele werden durch die Anwendung von Online-Targeting deutlich gesteigert und gewährleisten eine adäquate Werbeansprache, trotz zunehmender Individualisierung von Nutzerinteressen.

Wie dargelegt, erklären sich die Nutzer des Mediums WWW gegenüber einer Werbefinanzierung als Basis für die kostenlose Nutzung von Webseiten und angeschlossener Dienstleistungen durchaus aufgeschlossen.

Dieses Einverständnis beinhaltet indes nicht, dass personalisierte Online-Werbung bedingungslos und frei von Kritik akzeptiert wird. Einhergehende Akzeptanzprobleme und datenschutzrechtliche Bedenken gegenüber personalisierter Online-Werbung stellen die Achillesferse dieser dar und müssen zu einem grundlegenden Umdenkungsprozess in Richtung Rezipient bei Werbungtreibenden führen, da bei weiterem passiven Verweigerungsverhalten ganz klar mit der Verabschiedung von rechtlichen Rahmenbedingungen durch die gesetzgebende Instanz gerechnet werden muss. Grenzen, die den

Siegeszug personalisierter Online-Werbung drastisch einschränken oder komplett stoppen würden.

Nur wenn Werbungtreibende die Erwartungen und Bedürfnisse ihrer Zielgruppen auf breiter Ebene beachten, kann personalisierte Online-Werbung von ihrem negativen Image befreit werden und mit einem intensiven und für beide Seiten vorteilhaften Dialog zwischen Werbungtreibenden und Konsumenten ein noch nie dagewesener Prozess einer Werbekommunikation entstehen.

Die Lösung für dieses Problem besteht in einer Selbstverpflichtung der Werbungtreibenden, die flexible „Opt-in"- oder „Opt-out"-Möglichkeiten über die Sammlung persönlicher Nutzerdaten definiert, sowie nachgelagerte Kontrollmechanismen und mehr Transparenz vorschreibt. Zudem muss durch diese unbedingt ein zentrales Datenprofil-Register samt nutzerseitiger Löschungsberechtigung geschaffen werden.

Eine personalisierte Werbeansprache wird so für den einzelnen Nutzer überhaupt erst nachvollziehbar und dieser erhält das Selbstbestimmungsrecht über den Einsatz seiner privaten Daten zurück, sodass er persönlich entscheiden kann, ob ihm personalisierte Werbung angezeigt werden soll oder nicht.

Dabei sollte es jeweils der Entscheidung des einzelnen Konsumenten überlassen bleiben, inwieweit dieser personalisierte Online-Werbung erhalten beziehungsweise den Werbungtreibenden Einsicht in sein Privatleben gewähren möchte, da grundsätzlich von einem Eingriff in die Privatsphäre gesprochen werden kann, wenn sich dieser durch personalisierte Online-Werbung belästigt oder beobachtet fühlt.

Darüber hinaus kann die Annahme formuliert werden, dass eine erzwungene Rezeption von personalisierter Online-Werbung nur zu geringer Akzeptanz führt und auf Basis freiwilliger Nutzerzustimmung personalisierte Online-Werbung mit hoher Wahrscheinlichkeit in der Lage wäre, ein Mehr an Resonanz bei den Nutzern zu bewirken.

Schließlich sollte in Bezug auf die Effektivität der Werbekommunikation auch nicht die Schaffung des gläsernen Konsumenten das Ziel sein, sondern die des zufriedenen Konsumenten.

Gewährte Vorteile oder allein eine Einverständnisabfrage durch Werbungtreibende erzeugen an dieser Stelle die notwendige Bereitschaft für die Freigabe persönlicher Nutzerdaten. In diesem Zusammenhang kann bei personalisierter   Online-Werbung auch von Beziehungsmarketing gesprochen werden, da es primär um die Akquise und Pflege von Nutzerdaten zum Zweck einer effektiven Werbekommunikation geht.

Dass personalisierte Online-Werbung nach erfolgtem Umdenkungsprozess eine weiterhin vielversprechende Entwicklungsphase vor sich hat, bestätigt zudem die kontinuierliche Steigerung der Netto-Werbeeinnahmen von Online-Angeboten während der letzten Jahre.

Des Weiteren lässt sich das Grundprinzip von personalisierter Online-Werbung um neue Targeting-Kriterien und Targeting-Techniken erweitern (Social-Media-Targeting) und auf weitere digitale Medien übertragen. Von dieser Entwicklung profitieren insbesondere die sozialen Netzwerke, das digitale Fernsehen, die Mobilen Dienste sowie das In-Game-Advertising.

Auf Grund der immer noch beherrschenden Stellung von unpersonalisierten Online-Werbekampagnen im WWW, gestaltete sich die Suche nach Forschungsstudien zu personalisierter Online-Werbung ein wenig komplizierter als erwartet. Besonders der Anteil von personalisierter Online-Werbung an den Brutto-Werbeinvestitionen im dem Segment der klassischen Online-Werbung wäre für eine Einschätzung der aktuellen Marktdurchdringung in Deutschland interessant gewesen.

Die Ergebnisse dieser Bachelor Thesis können nur einen kleinen Ausschnitt des Gegenstandes der personalisierten Online-Werbung im WWW erfassen, aber möglicherweise auch zu weiteren Forschungsarbeiten in diesem Bereich anregen.

So müsste konkret untersucht werden, inwieweit die Anwendung einer Selbstregulierung durch Werbungtreibende mit branchenübergreifenden Selbstverpflichtungen und Selbstkontrollmechanismen das Vertrauen der Nutzer in personalisierte Online-Werbung wieder festigt und ob damit auch konkrete Erfolge in der Praxis realisiert einhergehen.

Des Weiteren müsste eine umfangreiche Analyse genauer auf den Sachverhalt der freiwilligen Übermittlung persönlicher Nutzerdaten im Austausch von gewährten Vorteilen durch die Werbungtreibenden eingehen, um dieses personalisierte Werbekonzept weiter zu professionalisieren.

Literaturverzeichnis

Allesklar.com (2012): meinstadt.de. In: Mediadaten 2012. Regionale Online-Werbung, online: http://www.allesklar.com/pdf/mediadaten-regionale-online-werbung.pdf [Stand 24.06.2012].

Amtsblatt der Europäischen Gemeinschaften (ABI) (2002): Richtlinie 2002/58/EG des Europäischen Parlaments und des Rates. In: L 201 vom 31.7.2002.

Appelles, T. (2012): Online-Ads: Google schlägt neue Metriken vor, online: http://onlinemarketing.de/news/online-ads-google-schlagt-neue-metriken-vor [Stand 17.10.2012].

Arbeitsgemeinschaft für Online Forschung e.V. (AGOF) (2012): Grafiken zur Internetnutzung. In: Berichtsband zur internet facts 2012-03, online: http://www.agof.de/index.download.446c57d2051c9d13146845d155efa91b.pdf [Stand 24.06.2012].

Bauer, C. (2012): Data Exchanges, Realtime Bidding und Datenschutz – wie passt das zusammen?. In: Adzine, Magazin für Online-Marketing, Ausgabe KW 29 – 17.07.2012, online: http://www.adzine.de/de/site/7305/page/newsletter/web.xml [Stand 22.10.2012].

Bauer, C./ Greve, G./ Hopf, G. (2011): Online Targeting und Controlling: Grundlagen - Anwendungsfelder - Praxisbeispiele. Wiesbaden.

Braun, H. (2011): Anti-Tracking-Verfahren wird Webstandard, online: http://heise.de/-1379908 [Stand 22.10.2012].

Bruhn, M. (2010): Kommunikationspolitik: Systematischer Einsatz der Kommunikation für Unternehmen. München.

Bundesverband Digitale Wirtschaft (BVDW): Targeting Begriffe & Definitionen, online: http://www.bvdw.org [Stand 17.10.2012].

Bürlimann, M. (2004): Web Promotion 3. Professionelle Werbung im Internet. Zürich.

Chaffey, D./ Mayer, R./ Johnston, K./ Ellis-Chadwick, F. (2001): Internet-Marketing. München.

Dannenberg, M./ Wildschütz, F.H. (2006): Erfolgreiche Online-Werbung: Werbekampagnen planen, umsetzen, auswerten. Göttingen.

Deutscher Bundestag (BT) (2011): Umsetzung der Änderung der E-Privacy-Richtlinie. In: Drucksache 17/6689 vom 27.07.2011.

Duncker, C. (2009): Wie gut funktioniert Online-Werbung? In: Absatzwirtschaft, Zeitschrift für Marketing, Ausgabe 2/2009, S. 70-72.

Eckhardt, A. (2000): Wie zerbrechlich ist der gläserne Kunde? Über den Umgang mit den neuen Kundenprofilen. In: Medienheft 20. November 2000, S. 1-4.

Eicke, U. (1999): Die Werbelawine. Angriff auf unser Bewußtsein. München

Eimeren, B. van/ Frees, B. (2011): Drei von vier Deutschen im Netz – ein Ende des digitalen Grabens in Sicht? In: Media Perspektiven, 2011 (7-8), S. 334-349.

Eisinger, T./ Rabe, L./ Thomas, W. (2009): Performance Marketing - Erfolgsbasiertes Online Marketing: Mehr Umsatz im Internet mit Suchmaschinen, Bannern, E-Mails & Co. Göttingen.

Europäische Kommission (KOM) (2012): Datenschutz-Grundverordnung. In: KOM(2012) 11 endgültig vom 25.1.2012.

Faida, T. (2010): Untersuchung: Wie viel Geld verlieren Webmaster durch Adblocker, online: http://t3n.de/news/untersuchung-viel-geld-verlieren-webmaster-adblocker-279287/ [Stand 22.10.2012].

Fisch, M. (2009): Nutzungsmessung im Internet. München.

Fittkau & Maaß (2010): Nutzer lehnen personalisierte Werbung ab. In: 29. WWW-Benutzer-Analyse W3B 2009, online: http://www.w3b.org/nutzungsverhalten/nutzer-lehnen-personalisierte-werbung-ab.html [Stand 22.10.2012].

Fösken, S. (2009): Die Werbewirtschaft entdeckt Video-Ads. In: Absatzwirtschaft, Zeitung für Marketing, Ausgabe 4/2009, S. 60-64.

Fritz, W. (2004): Internet-Marketing und Electronic Commerce: Grundlagen – Rahmenbedingungen – Instrumente. Mit Praxisbeispielen. Wiesbaden.

Gehl, C. (2012): Online-Special Targeting, online: http://www.lead-digital.de/start/specials/targeting/kate_owen_digital_element_geografische_onlinewerbung_kann_den_response_verdreifachen   [Stand 24.06.2012].

Goldhammer, K./ Fölsch, F. (2002): Werbung goes Online: Erfolgreiche Werbestrategien im Internet, in: Mattenklott, A./ Schimansky, A. (Hrsg.): Werbung: Konzepte und Strategien für die Zukunft. München.

Gruner + Jahr Electronic Media Sales (G+J EMS) (2011) (Hrsg.): Best of Branding. Erfolgsfaktoren für Online-Werbung. Hamburg

Hebben, M. (2008): Schlechtes Zeugnis für die Web-Werbung, online: http://www.presseportal.de/pm/35681/1300394/horizont-umfrage-verbraucher-schauen-bei-werbung-hin [Stand 17.10.2012].

Horx, M. (2000): Konsument 2010 – Eine Konsumentenstudie des Zukunfts-institutes von Mathhias Horx. Bonn.

Kastner M. (2009): Der Köder zum Mitmachen: Online-Mediaplanung mit Targeting-Technologien. Hamburg.

Koschnik, W. (2003): Focus-Lexikon für Werbeplanung – Mediaplanung, Marktforschung – Kommunikationsforschung – Mediaforschung. Band 1-3. München.

Krause, J. (2000): E-Commerce und Online-Marketing. München.

Kruse, P. (2010): Beitrag zur öffentlichen Anhörung am 5. Juli 2010 der Enquete-Kommission Internet und digitale Gesellschaft. In: Deutscher Bundestag, Ausschussdrucksache 17(24)004-H, online: www.bundestag.de [Stand 27.10.2012].

Lammenett, E. (2009): Praxiswissen Online-Marketing. Wiesbaden.

Leuwer, R. (2012): Mit 18 mehr unter der Haube. In: Adzine, Magazin für Online-Marketing, Ausgabe KW 43 – 25.10.2012, online: http://www.adzine.de/de/site/7748/page/newsletter/web.xml [Stand 27.10.2012].

Matt, J.-R. von (2009): Im Armenhaus der Kreativität. In: Der Spiegel 18/2009, online: http://www.spiegel.de/spiegel/print/d-65169761.html [Stand 21.10.2012].

Mattenklot, A./ Schimansky, A. (2002) (Hrsg.): Werbung: Konzepte und Strategien für die Zukunft. München.

Mattgey, A. (2012): Große Mehrheit lehnt Behavioral Targeting ab, online: http://www.lead-digital.de/start/admedia/grosse_mehrheit_lehnt_ behavioral_targeting_ab [Stand 21.10.2012].

Meffert, H. (2011): Marketing: Grundlagen marktorientierter Unternehmensführung. Konzepte - Instrumente – Praxisbeispiele. Wiesbaden.

Michael, B. (2011): Online werben: Zwischen Effizienz und Chaos, in: Schwarz, T.: Leitfaden Online Marketing Band 2: Das Wissen der Branche. Waghäusel, S. 67-79.

Modahl, M. (2000): Der Wettlauf um den Internet-Kunden. Landsberg/Lech.

Mozilla Corporation (2012): Statistiken für Adblock Plus, online: https://addons.mozilla.org/de/firefox/addon/adblockplus/statistics/?last=30 [Stand 22.10.2012].

Mühling, J. (2009): Targeting. Zielgruppen exakt online erreichen. Baden-Baden.

nugg.ad (2009): nugg.ad und Unister schicken User in den Urlaub. In: Case Study Conversions. predictive behavioural targeting, online: http://www.nugg.ad/tl_files/media/Case%20Studies/PDFs/nuggad_casest udy_abindenurlaub_DE.pdf [Stand 22.10.2012].

nugg.ad (2010): Von der Maus zur Fernbedienung. In: Case Study Streuverluste und Zielgruppen-TKP. predictive behavioural targeting, online: http://www.nugg.ad/tl_files/media/Case%20Studies/PDFs/nuggad_casest udy_SOL_DE_s_0.pdf [Stand 22.10.2012].

nugg.ad (2011a): Perfekter Service 2.0. In: Case Study Klickrate. predictive behavioural targeting, online: http://www.nugg.ad/tl_files/media/Case%20 Studies/PDFs/nuggad_casestudy_renault_DE_0.pdf [Stand 24.06.2012].

nugg.ad (2011b): Kodak machte mit Branding-Kampagne online Druck. In: Case Study Steigerung Kaufabsicht. predictive behavioural targeting, online: http://www.nugg.ad/tl_files/media/Case%20Studies/PDFs/nuggad_casest udy_kodak_DE_1.pdf [Stand 24.06.2012].

nugg.ad (2011c): Chevrolet, mobile.de und nugg.ad – ein unschlagbares Team! In: Case Study Steigerung Marktbekanntheit. predictive behavioural targeting, online: http://www.nugg.ad/tl_files/media/Case%20Studies /PDFs/nuggad_casestudy_Chevrolet_DE.pdf [Stand 24.06.2012].

Online Marketing Service (OMS) (2012): OMS. In: OMS Media-Daten, online: http://www.oms.eu/WebObjects/OMS.woa/media/1002496?wosid=YDy8N kdLC9w51ZIbVgqAug [Stand 24.06.2012].

O'Reilly, T. (2005): What is Web 2.0. Design Patterns and Business Models for the Next Generation of Software, online: http://oreilly.com/web2/archive/ what-is-web-20.html [Stand 21.10.2012].

Online-Vermarkterkreis im BVDW (OVK) (2012): Online-Report 2012/01. Zahlen und Trends im Überblick. Düsseldorf.

Paperlein, J. (2012): AGOF misst Werbewahrnehmung mit dem O-Faktor. In: Horizont.net. Portal für Marketing, Werbung und Medien, online: http://www.horizont.net/aktuell/specials/pages/protected/showNewsletter.p hp?id=110019&utm_source=Newsletter&utm_medium=Newsletter [Stand 17.10.2012].

PricewaterhouseCoopers (PwC) (2012): consumer privacy and information sharing, online: http://www.pwc.ru/en_RU/ru/retail-consumer/publications/assets/pwc-consumer-privacy-and-information-sharing.pdf [Stand 17.10.2012].

Rolke, L./ Dost, M. (2010): Werbung und PR im Leistungstest: Eine vergleichende Wirkungsstudie mit Sekundäranalyse, Experimenten und Empfehlungen für eine synergetische Markt- und Unternehmens-kommunikation. Nordersted.

Rötzer, F. (2001): Überwachung und Beobachtung. Die Kehrseite der Aufmerk-samkeit, in: Zurstiege, G./Schmidt, S.J. (Hrsg.): Werbung, Mode und Design. Wiesbaden, S. 63-68.

Schmidt, S. J./ Spieß, B. (1997): Die Kommerzialisierung der Kommunikation. Fernsehwerbung und sozialer Wandel 1956 - 1989. Frankfurt am Main.

Schmidt, S. J. (2004): Werbung auf der Suche nach einer Zukunft, in: Siegfried, S. J./ Westerbarkey, J./ Zurstiege, G. (Hrsg.): A/ effektive Kommunikation, Unterhaltung und Werbung. Münster.

Schweiger, W./ Reisbeck, M. (1999): Bannerwerbung im Web. Zum Einfluss der Faktoren Animation und Platzierung auf die Selektion, in: Wirth, W./ Schweiger, W. (Hrsg.): Selektion im Internet: Empirische Analysen zu einem Schlüsselkonzept. Leverkusen.

Spiegel Online (2012): Preise 2012. Tausender-Kontakt-Preise, online: http://www.spiegel-qc.de/uploads/Preislisten/SPON%20TKP%20und%20 Festpreise_2012.pdf [Stand 19.10.2012].

Stahl, E./ Krabichler, T./ Breitschaft, M./ Wittmann, G. (2009) (Hrsg.): E-Commerce-Leitfaden: Erfolgreicher im elektronischen Handel. Regensburg.

Statistisches Bundesamt (2011): 28 Millionen Haushalte in Deutschland haben einen Breitbandanschluss. In: Pressemitteilung Nr. 474 vom 19.12.2011, online: https://www.destatis.de/DE/PresseService/Presse/Pressemitteil ungen/2011/12/PD11_474_63931.html [Stand 17.10.2012].

Steinle, A./ Hülsmann, D. (2001): (Duden) Wörterbuch der New Economy. Leipzig.

Stolpmann, M. (2000): Online-Marketingmix Kunden finden, Kunden binden im E-Business. Bonn.

TNS Infratest (2011): Neue Untersuchung bestätigt: Hohe Akzeptanz von Online-Werbung. In: Presseinformation vom 20.09.2011, online: http://www.tnsinfratest.com/presse/pdf/Presse/2011_09_20_TNS_Infrates t_dmexco.pdf [Stand 17.10.2012].

Thommes, J. (2006): Der Abschied vom Streuverlust naht. In: HORIZONT, Heft 36, 23. Jg., S. 46.

Tomorrow Focus Media (2010): Click Effects 2010. München

Tropp, J. (2011): Moderne Marketing-Kommunikation. System – Prozess - Management. Wiesbaden.

Werner, A. (2000): Site- Promotion. Werbung auf dem WWW. Heidelberg.

Werner, A. (2003): Marketing-Instrument. Strategie - Werkzeuge - Umsetzung. Heidelberg.

Zentralverband der deutschen Werbewirtschaft (ZAW) (2008): Werbung in Deutschland 2008. Berlin.

Zentralverband der deutschen Werbewirtschaft (ZAW) (2012): Werbung in Deutschland 2012. Berlin.

Zunke, K. (2012): Die Amazonisierung des Advertisings. In: Adzine, Magazin für Online-Marketing, Ausgabe KW 36 – 04.09.2012, online:

http://www.adzine.de/de/site/7519/page/newsletter/web.xml   [Stand 17.10.2012].

Zunke, K. (2012): Targeting: Alternativen zum Cookie. In: Adzine, Magazin für Online-Marketing, Ausgabe KW 18 – 03.05.2012, online: http://www.adzine.de/de/site/6928/page/newsletter/web.xml   [Stand 22.10.2012].

Zurstiege, G./ Schmidt, S.J. (2001): Werbung, Mode und Design. Wiesbaden.

Internetquellen

Arbeitsgemeinschaft   für   Online   Forschung   e.V.   (AGOF): http://agof.de/satzung.579.de.html [Stand 20.06.2012].

Arbeitsgemeinschaft   für   Online   Forschung   e.V.   (AGOF): http://www.agof.de/index.585.de.html [Stand 24.06.2012].

nugg.ad: http://www.nugg.ad/de/datenschutz/zertifizierungen.html   [Stand 17.10.2012].

nugg.ad: https://mtm.nuggad.net/en [Stand 25.10.2012].

nugg.ad: http://www.nugg.ad/de/datenschutz/allgemeine-informationen.html [Stand 27.10.2012].

Informationsgemeinschaft zur Feststellung der Verbreitung von Werbeträgern e.V. (IVW): http://ivw.de/index.php?menuid=46 [Stand 24.06.2012].

Anhang

I.

Quelle: BerlinOnline Stadtportal GmbH (2012), firmenintern.

Abb. I: Universal Ad Package bestehend aus Superbanner „1&",

Skyscraper „Fab" und Content Ad „Volksbanken Raiffeisenbanken

II.

Quelle: BerlinOnline Stadtportal GmbH (2012), firmenintern.

Abb. II: Banderole „ZDF"

III.

Quelle: BerlinOnline Stadtportal GmbH (2012), firmenintern.

Abb. III: Interstitial „easyJet"

IV.

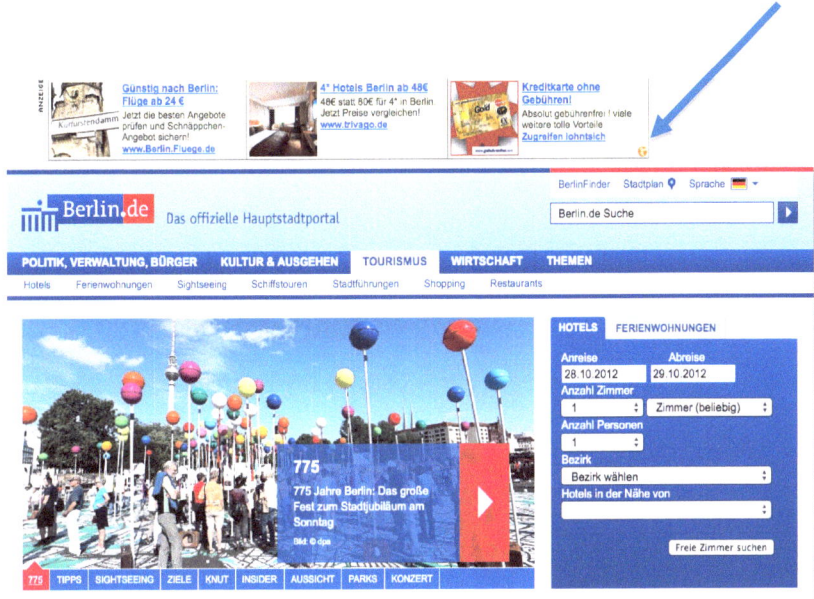

Quelle: BerlinOnline Stadtportal GmbH (2012), firmenintern.

Abb. IV: Info-Button personalisiertes Online-Werbemittel

www.ingramcontent.com/pod-product-compliance
Lightning Source LLC
Chambersburg PA
CBHW040809200526

45159CB00022B/131